零壹智库出品
01caijing.com

 零壹财经书系
主编：柏亮

众筹服务行业年度报告

（2016—2017）

零壹研究院　著

电子工业出版社
Publishing House of Electronics Industry
北京·BEIJING

本书编写人员

课题组组长：赵金龙

课题组成员：蒋　慧　朱倩雯　孙　爽　董云峰

研 究 单 位：零壹研究院

|总序|
"零壹智库"：探索新金融的广度与深度

"零壹财经"是一个专注于互联网金融研究的团队。我们希望"零壹财经"的每一本书都淳朴、大方、谦卑、有力量。

这是三年前我为"零壹财经书系"所写序言的最后一句话。三年来，"零壹财经书系"出版了近20本"互联网金融+"专业书籍，很多朋友跟我说，它已经成为金融领域最有吸引力和影响力的阅读品牌之一。

但是，我们变了。

第一，"零壹财经"作为一家机构，它的业务已经从互联网金融研究升级为"新金融成长服务"（当然，互联网金融研究依然是我们的一项核心工作）。

第二，与之相应，"零壹财经"的研究范畴扩大到"新金融"——在技术革新和市场变迁中不断诞生的新型金融业务及其伴生服务。

第三，我们成立了"零壹智库"，在零壹财经自身研究团队的基础上，建立了学术委员会、特约研究员、青年学者计划等丰富的学术研究平台，共同打造一流的新金融智库。除了零壹财经研究团队的专业著作以外，我们也出版智库其他学术成员的优秀著作。

我们也没变。我们坚持"01 思维"：

第一，在研究和思考问题时，回归到无的状态（0），清零先入之见，用数据、事实描述事物的基本面目。

第二，关注事物的初始状态（1），尽最大努力理清它的来龙去脉，注重基础，探望前沿。

大脑和心胸就这样敞着，沉浸于这个新金融世界，求其变，知其不变。

我们现在这样向您介绍：我们是专注于新金融研究，但不仅仅是一个团队，而是智库平台，但我们依然希望，零壹智库的每一本书都淳朴、大方、谦卑、有力量。

"零壹财经"创始人兼 CEO

柏　亮

研究概要

1. 研究目的

2015—2016 年，是互联网众筹变化较大的一段时期。2015 年下半年，在"大众创业、万众创新"的政策激励下，各类众筹形式蓬勃发展，交易规模和参与人数都迅速增长。但到了 2016 年上半年，随着互联网金融专项整治的全面展开，以及配套政策设计的迟滞，众筹行业的发展速度有所放缓，获得的关注明显下降，其中股权众筹受到的影响尤为明显。与此同时，某些非标权益众筹，例如汽车众筹、实体店众筹和影视众筹，却获得了较为积极的进展。

在这样的复杂情况下，如何理性评价我国众筹行业的现状，界定产品众筹、股权众筹和非标权益众筹的发展状态，梳理、归纳行业存在的问题及相关的政策约束，寻找一条促进行业健康发展的更佳路径，成为一个最急迫的问题。

为此，本期发展报告从众筹行业数据的统计出发，描述各细分行业的市场规模、发展速度、项目结构等，透过数据分析和实地调研访谈，确定行业存在的主要问题与制约，通过商业模式、业务逻辑等方面的分析与讨论对行业的未来发展进行预测。

2. 研究方法

本报告采用了如下4种研究方法。

（1）独立数据监测与分析

除特别注明外，本项研究依据的主要数据由零壹研究院独立采集和统计。运用独家开发的第三方数据监测软件，零壹研究院数据中心对典型的互联网产品众筹、股权众筹和非标权益众筹平台进行了数据采集工作，采集时间段为2014年1月到2016年12月。研究团队花费3个月的时间对这些数据进行预处理、核对、纠错和统计。

（2）与此同时，研究团队引用部分平台自身披露的数据（如年报）、第三方机构统计的数据进行交叉验证，并与部分机构的负责人进行访谈和核对，确保本研究数据的广泛性、独立性和准确性。

（3）独立调研访谈

对所涉及的典型互联网众筹平台，研究团队不仅广泛搜集了媒体报道、平台博客等公开资料，而且进行了独立的调研访谈工作。访谈对象包括行业管理者，业务部门和运营部门的成员，筹资人、投资人和部分计划介入众筹业务、构建众筹平台的人士，同时包括会计、法律等方面的一些专业人士。

（4）文献翻译与案例研究

研究团队查阅、翻译了部分国外的众筹行业调研报告、典型案例和相关的法律、监管方面的材料。尽管世界各国的金融业发展情况和监管体系存在巨大差异，众筹行业的发展情况也千差万别，但这些材料揭示的核心问题、监管原则、典型操作，仍然值得学习和借鉴。

3. 研究结论

通过上述独立数据监测与分析、独立调研访谈、独立投资测试、文献翻译与案例研究，对于众筹行业，我们初步得到如下结论。

（1）市场规模继续增长，行业格局显著变化

2016 年，我国互联网众筹仍保持着较高的增长速度，但宏观结构已经发生显著变化。汽车众筹异军突起，成为行业的新的增长点，2016 年筹资规模约占整个行业的 43%。产品众筹和股权众筹的绝对规模仍在增长，前者在流量和资本的驱动下表现强劲，增幅超过 100%，但后者在监管趋严、政策不明的大环境下相对谨慎，增幅已经降到 25% 左右。房产众筹在国内陷入低迷，公益众筹不温不火，二者合计仅到 2% 左右。

（2）机构数量或将进一步下降，行业进入存量增长期

2016 年，传统的产品及股权众筹机构数量出现大幅下降，在竞争加剧和监管趋严的情况下，机构总量在 2017 年或将继续减少，但筹资规模仍会继续上升，即进入存量增长阶段。京东众筹、淘宝众筹和开始众筹等平台业务一直在大幅攀升，其项目来源稳定且百万、千万元级别的项目显著增多，苏宁、小米等后起之秀也在开始发力，产品众筹将是未来众筹行业的增长主力。股权及收益权众筹机构数量较多，也在吸引更多高净值投资人的参与，但政策上的不确定性让其展业相对谨慎，预计规模会谨慎增长。如果政策明朗，那么存量平台有望在业务上出现爆发式增长。

（3）产品众筹已现巨头争雄，竞争日趋白热化

从 2015 年开始，京东众筹、淘宝众筹、苏宁众筹筹资规模便稳居行业前列。2016 年，开始众筹和小米众筹规模挤入行业前五，这 5 家平台均是大型互联网公司背景或大风投注资的平台。众筹网作为年筹资规模最高的独立型众筹平台，2016 年规模仅 4 679 万元，且有萎缩趋势。产品众筹无疑已形成巨头争雄的局面，竞争也渐趋白热化，大平台在资产端的争夺加剧，中小规模平台或面临转型、停业的选择。

（4）股权众筹监管日趋明朗，利好行业发展

2017 年 3 月，第十二届全国人大五次会议召开第二次全体会议，张德江委员长在人大常委会工作报告中表示，今年将修改《中华人民共和国证券法》。此前，全国人大常委会新闻发言人傅莹表示，今年 4 月份有望再次审议《中华人民共和国证券法》修订草案。至此，《中华人民共和国证券法》修改时间表得以明确。据悉，《中华人民共和国证券法》修改中明确增加了公募股权众筹的豁免条款。这个顶层设计明确之后，与股权众筹相关的法律法规很可能将陆续出台，行业监管体系将更加明细，股权众筹平台的法律权利和义务将得到进一步规范，股权众筹在多层次资本市场中的地位也有望进一步明确，对整个股权众筹行业的发展无疑是一大利好。

（5）非标权益众筹风险高发，持续增长后劲不足

过去一年多，非标权益众筹虽然发展迅猛，但是风险事件频发，普遍缺乏持续的增长潜力。自 2016 年 9 月开始，汽车众筹的欺诈潜逃和经营不善等问题特别突出，在完成了第一轮投资人教育之后，行业疯狂吸金的态势有所缓和。实体店众筹出现了多起项目方挪用资金、携款潜逃等风险事件，直接导致人人投等平台放缓扩张速度，不过仍有平台获得资本市场的认可，相

继完成 A 轮或 Pre-A 轮融资。

（6）汽车众筹风险加剧，或将面临整改命运

汽车众筹异军突起，2016 年出现"大爆发"，平台总数已经超过 100 家，全年筹资规模达到 94 亿元，成为行业新的增长极。但是从 2016 年第三季度起，汽车众筹积聚的风险开始密集爆发，欺诈潜逃和经营不善等问题特别突出，数千人上亿元的资金受到不同程度的影响。与早年的 P2P 行业相似，汽车众筹目前处于野蛮生长期，监管缺位、信披不足、投资者保护等问题未能跟上。存量汽车众筹平台规模仍会继续扩张，但是潜在的风险还没有充分暴露，由于风险通常快速爆发，涉及投资人与金额较多，社会负面影响大，汽车众筹可能成为监管层关注和整治的对象。

（7）收益权众筹将迎来更大的发展

在收益权众筹模式下，普通投资人不再是真正意义上的股东，但拥有股份对应的收益权。较之于股权众筹，收益权众筹的优势在于投资门槛相对较低，交易结构简单，回报方式灵活，对融资者而言也不会影响其持股比例，因此颇受投融资双方的青睐。随着实体店等生活消费型项目在众筹行业的快速发展，收益权众筹模式很可能得到更多机构的认可，也将迎来更大的发展。

（8）房产众筹将继续低迷

在经历 2015 年的蓬勃发展之后，房产众筹由于杠杆风险等问题引起政府重视，随后迎来监管阵痛，深圳、广州等地全面叫停房产众筹。截至 2016 年年末，存量房产众筹平台主要从事房租收益权、营销推广式众筹，均不涉及利用杠杆资金炒房的可能。

由于国内对房价的严格调控，众筹首付款、众筹建房销售这类众筹基本

没有发展空间。但是海外房产则不存在类似政策掣肘,有可能成为新的投资机会。需要提醒的是,由于各国房地产市场的差异性,众筹海外房产仍属于高风险投资行为,加上我国对于外汇的管控,投资便利性可能也会受到较大的影响。

（9）在消费升级需求下,消费类众筹有望快速发展

随着国民经济收入的不断提高,中国消费需求正在发生实质性改变,消费升级的步伐逐渐加快,这种趋势将有助于消费类众筹的发展。

首先,中高档价位的众筹渐成趋势,以京东众筹、开始众筹为代表的平台更加侧重科技、出行、创意餐饮、新空间领域,人均支持金额近年来稳步增长。

其次,文化类众筹份额提高,包括影视、音乐、游戏、出版类众筹份额逐年增大。

此外,装修、美容业、婚庆服务等低频消费在众筹中也频频出现。

（10）众筹生态圈进一步完善,广度及深度均将增强

相较于美国、瑞典等发达国家,我国众筹发展尚不成熟,但经过三年多的发展,众筹生态圈已现雏形。从广度看,众筹资产端、运营端、资金端和公共服务各个方面的从业主体处于增长状态,尤其是资产端和资金端。从深度看,围绕众筹产业链的各项服务趋于完善,有的平台甚至已形成闭环生态。未来,生态圈成员的类型和数量将继续扩大,宣传、营销、路演、投资人培训等服务机构的重要性将有更大的凸显,项目估值服务更加壮大成熟,监管和自律也将日益明确,生态圈各成员之间的融合势必加深。

|目录|

第 1 篇　行业综合

第4篇　趋势展望

第 1 篇

行 业 综 合

第 1 章
Chapter 1
国内行业概况

第一节　众筹的概念及行业划分

"众筹"一词译自英文 Crowdfunding，意为大众筹资，指项目发起人（融资方）直接向支持者（投资人）进行融资，并承诺给予回报的行为。这个概念历史悠久，但是在互联网时代才获得广泛关注与成功，形成一个行业，因此目前的众筹一般指互联网众筹，即项目发起人通过互联网平台直接向支持者进行筹资，并承诺给予回报的行为。与通过传统金融机构进行筹资的形式相比，众筹具有如下特点。

- 直接性，众筹虽然一般通过众筹平台进行，但是平台只作为信息中介撮合项目与用户，自身并不吸收和发放资金，不向用户提供信用；融资方（项目）与投资人存在直接对应关系。

- 明确性，众筹项目的目的一般较为明确，资金用途向投资人披露；项目一般设定有明确的筹资周期和筹资金额，在预定周期内如果无法筹够设定的金额，项目宣告失败①，投资人的资金将被退回。

- 便捷性，项目的发起流程与筹资过程较为简捷，投资方便，大部分流程均可在网络上完成，筹资效率较高，时间成本低。

- 灵活性，投资与回报过程均依赖于投融资双方的约定，可灵活约定回报形式、回报内容和回报周期。

- 低门槛，投融资双方的门槛均较传统金融用户低，融资方多为初创企业或小微企业，投资方多为普通个人，适格性要求较低。

- 风险性，上述特点决定了众筹项目具有较大的不确定性，项目可能因为无法筹集足够的资金而失败，或者筹够资金后未能按照约定给予投资人回报，投资人需要自行判断项目质量，承担项目风险。

根据项目回报内容的不同，传统上把众筹项目划分为以下四种类型。

- 产品众筹，回报内容为实际的产品或服务，不涉及任何资金回报。

- 股权众筹②，回报内容为企业股权，投资人成为企业股东，可获得现金分红或股权增值等相关的回报。

---

① 也存在灵活筹资模式和循环筹资模式，前者在到达规定时间后，无论筹集多少金额，项目都算成功。后者的项目长期存在，随时可以支持，但是这两种模式的占比都很低，不是主流。

② 我们目前所熟悉的股权众筹在过去被称为"私募股权众筹"，现在规范的全称是"互联网非公开股权融资"。为了方便区分，本报告中依然将"互联网非公开股权融资"称为"私募股权众筹"，并与"公募股权众筹"一起统称为"股权众筹"。

- 债权众筹[①]，回报内容为债权，享有与债权相关的权益，如利息、追索权等。

- 公益众筹，也称捐助型众筹，类似于慈善捐助，主要为象征性、精神性回报。

上述分类简洁明了，并与传统的产品预购、股权投资、资金出借、慈善捐助相对应。但是众筹引入我国以来，发生了较大的变化，出现了诸如权益众筹、消费众筹等新类型，其回报物不属于上述任何类型，或者是多种回报形式的综合，因此是非标准化的，可统称为非标权益众筹，具有如下特点。

- 回报物既非产品/服务，也非股权、债权，而是获得现金收益的权利（如支持者合伙购买一辆汽车再卖出，通过买卖差价获利）。

- 回报物为消费权利，但是其金额或内容随时间/项目效益情况进行变动（例如支持者对餐厅进行投资，餐厅根据经营情况向支持者发放就餐代金券）。

- 回报物既包括现金分红（但并不享有股权或债权），也包括消费权利（如支持者对酒店进行投资，既获得盈利分红，也获得一定的打折或免费入住权）[②]。

[①] 债权众筹即所谓的 P2P 借贷，该类型发展迅猛，已经被作为与众筹并列的单独行业看待，详细情况可参阅零壹研究院编写的《中国 P2P 借贷服务行业发展报告 2016》，本报告不再涉及债权众筹方面的内容。

[②] 值得注意的是，某些项目还约定，如果支持者选择不分红或者不消费，项目方将在一定的时间后以约定的溢价回购支持者的支持份额。

2015 年以来，非标权益众筹发展迅猛，已经形成了汽车众筹、店铺众筹、民居众筹、影视众筹等诸多细分领域，颇具"中国特色"[①]，因此本报告把非标权益众筹作为一类，与产品众筹、股权众筹和公益众筹并列，进行详细描述、分析。

第二节　行业整体数据

2011 年 7 月，"点名时间"正式上线，标志着我国互联网众筹的开端。经过 3 年左右的缓慢发展，众筹平台的数量和种类自 2014 年开始急剧增多，行业交易规模也迅速扩大。

据零壹研究院数据中心不完全统计，截至 2016 年年末我国互联网众筹平台（不含港澳台地区，下同）至少有 608 家，其中倒闭、潜逃、歇业等问题平台和已转型[②]的平台有 271 家，约占 44.6% 的比重。正常运营的平台仅余 337 家，剔除其中的 119 家汽车众筹平台，传统的众筹平台只有 218 家。

我国互联网众筹平台自 2014 年开始出现爆发式增长，当年上线的平台达到 154 家。2015 年，在政策面整体向好以及互联网金融受追捧的情况下，新上线的众筹平台再创新高，达到 222 家。2016 年，随着互联网金融专项整治及相关的监管措施的实施，传统的产品及股权型众筹平台已基本停止增长，新上线的 193 家平台中汽车众筹有 162 家，占到 83.9%；

[①] 某些非标权益众筹形式存在较多的法律问题，甚至可能成为整治对象，我们将在后面的具体章节进行分析。

[②] 指改变原有运营方向的平台，本报告不将其纳入问题平台。

股权型（包括混合型）平台有 26 家，产品众筹（包括混合型）平台最少，仅有 8 家。

与新增平台相对应，问题平台以及转型平台的数量一路走高，2013 年和 2014 年对应的数字分别是 1 家和 12 家，2015 年有 46 家，2016 年达到 212 家，首次超过了新增平台数量（见图 1-1）。

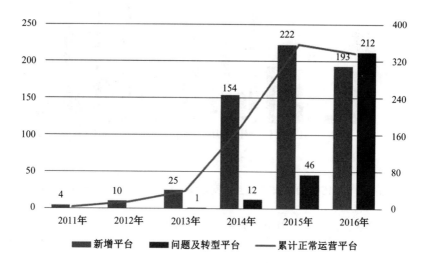

图 1-1 2011—2016 年中国互联网众筹平台数量走势（单位：家）

在正常运营的 337 家平台中，涉及股权众筹业务（含混合型①，下同）的有 156 家，占到 46.3% 的比例；涉及产品众筹业务的有 75 家，占到 22.3%。汽车众筹平台共有 119 家，占到 35.3%。

问题平台中涉及产品众筹业务的共有 113 家，占问题平台总量的 45.6%，其中歇业停业的高达 61 家；涉及股权众筹业务的有 93 家，占 37.5%。曝出风险的汽车众筹平台有 54 家，占该类型累计上线平台数

---

① 指涉足股权众筹、产品众筹、汽车众筹中两个类型以上的平台。

量的 31.2%。

图 1-2 所示为 2015—2016 年中国互联网众筹平台的数量走势。

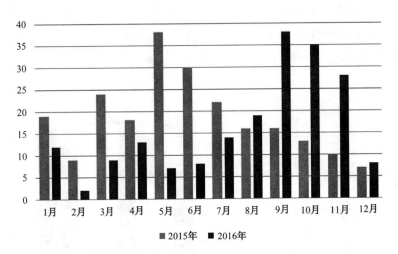

图 1-2 2015—2016 年中国互联网众筹平台的数量走势（单位：家）

图 1-3 所示为中国互联网众筹平台的典型分布。

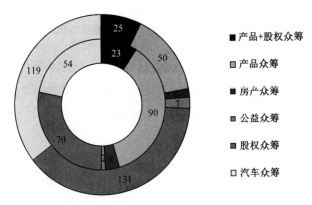

注：（外环为正常运营，内环为问题平台）

图 1-3 中国互联网众筹平台的典型分布（截至 2016 年年末）（单位：家）

正常运营的 337 家平台分布于 25 个省市（包括自治区、直辖市，下同），其中北京、广东和上海三地分别有 65 家、56 家和 45 家，三者合计 166 家，占到 49.3%的比重，这个比例随着 2016 年下半年汽车众筹数量的增长，呈现快速下降的趋势。值得注意的是，山东平台已达 62 家（其中 58 家是汽车众筹平台），考虑到汽车众筹平台数量增速快于其他类型，短期内山东省（以汽车众筹为主）的平台数量将超过北京市（见图 1-4）。

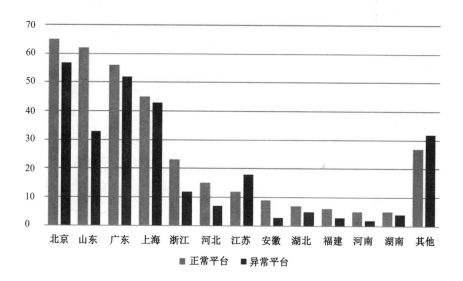

图 1-4　中国互联网众筹平台的地域分布（截至 2016 年年末）（单位：家）

271 家异常平台（包括问题平台及转型平台）的地域分布与正常平台相似，北京、广东、上海和山东四地共有 185 家，占到 68.3%。北京、广东和上海的异常平台与正常平台数量接近，前者略低于后者，但山东省问题平台大幅少于正常平台。这是由于山东省众筹行业起步较晚，以 2015—2016 年兴起的汽车众筹为主，该类型众筹平台的数量还处于净增长阶段。

数据显示，2015 年产品众筹成功项目总数在 1.9 万个左右，筹款金额达到 27 亿元，约为 2014 年全年（2.7 亿元）的 10 倍。2016 年相应的数据分别达到 2.7 万个和 56 亿元，同比分别增长 42% 和 107%。2015 年，股权众筹实际融资额在 50 亿～55 亿元，是 2014 年全年（12 亿～15 亿元）的 4 倍左右，2016 年相应的数据为 63 亿～68 亿元，同比增长 25% 左右。房产众筹 2015 年比较火爆，整体交易规模在 15 亿元左右，2016 年则大幅减少至 6 亿～7 亿元。公益众筹主要是腾讯乐捐等平台，最近两年均在 5 亿元上下。

2015 年以来，非标权益众筹发展迅猛，已经形成了汽车众筹、实体店、影视众筹、房产众筹等诸多细分领域，颇具"中国特色"。其中，汽车众筹 2016 年交易额高达 94 亿元，为行业贡献了 40% 以上的份额。实体店众筹同期规模在 12 亿～15 亿元，较前一年大幅增长 45%～70%，主要集中在餐饮美食、酒店客栈、休闲娱乐、母婴亲子、美容保健、教育培训等行业，前两类占到 70%～80%。影视众筹多为筹资额较小的网络电影或电视剧项目，2016 年整体规模在 5 亿～10 亿元。房产众筹在 2015 年已遭遇政策限制，2016 年 4 月以来接连被深圳、广东等多地叫停，目前正常运营的平台仅剩 5 家，2016 年规模估计在 2 亿元左右。

随着京东众筹、淘宝众筹、开始众筹等电商或风投系平台的持续发力，以及汽车众筹平台数量和成交规模的大幅增加，我国互联网众筹行业的整体规模仍在持续扩大。据零壹研究院数据中心统计，2015 年行业整体交易规模在 113 亿元左右，是 2014 年的 6 倍有余。2016 年这个数据增长到 220 亿元左右，同比增幅达到 95%。

经历市场的洗礼之后，一批优秀的平台逐渐脱颖而出，受到资本的青睐。据零壹研究院数据中心不完全统计，截至 2016 年年末至少有 49

家众筹平台获得 67 次以上的融资，资金总额在 12.4 亿元左右。其中，2015 年和 2016 年融资金额分别达到 4 亿元和 5.5 亿元，同比分别增长 110.5% 和 37.5%。融资事件在 2015 年达到高峰，为 27 例，2016 年则减少至 14 例，但融资成熟度有较大的提升。

第三节　当前行业总结

从上文分析可知，我国互联网众筹整体上仍保持着较高的增长速度，但宏观结构已经发生显著变化。汽车众筹异军突起，成为行业新的增长极，2016 年筹资规模约占整个行业的 43%。产品众筹和股权众筹的绝对规模仍在增长，前者在流量和资本的驱动下表现强劲，增幅超过 100%，但后者在监管趋严、政策不明的大环境下相对谨慎，增幅已经降到 25% 左右。房产众筹在国内陷入低迷，公益众筹不愠不火，二者合计仅占到 2% 左右。

2015 年以来，整个众筹行业的一个明显趋势是大平台依托自身或合作方的优质资源，开始构建闭环生态，树立竞争壁垒，其影响力和市场份额逐步扩大，形成马太效应，导致很多中小平台的生存空间受到挤压，甚至出局。这在产品众筹方面表现得尤为明显，目前正常运营的产品众筹平台仅剩下 75 家，2016 年仅 5 家规模过亿，其成功筹资总额为 52 亿元，占到整个行业的 92.9%，但是除了开始众筹之外均为互联网巨头旗下的机构。这 5 家平台 2016 年筹资金额较上年均有大幅增长，其中京东众筹和苏宁众筹均在 90% 左右，淘宝众筹超过 60%，开始众筹和小米众筹增幅更是高达 4734% 和 554%。与此相反，独立型平台"众筹网"2016

年的业务规模较上一年下降 70%以上。

其他一些优秀的平台则积极探索新模式，或努力打造新生活方式入口，重参与、重品味、重乐趣、重场景；或向纵深方向发展，积极整合上下游产业链资源，提供除资金之外的人才、渠道、传播等多元化服务。典型代表为新型生活消费类平台开始众筹，影音娱乐类平台淘梦网、乐童音乐，社交众筹平台追梦筹、轻松筹，以及空间/实体店众筹平台多彩投、汇梦公社地等，大部分风险投资也集中在这些平台上。

自 2016 年 4 月开始，多地工商局限制股权众筹机构的注册，将其统一纳入互联网金融专项整治中。与此同时，随着前期的众筹项目陆续进入退出期，相关的风险也开始集中暴露，平台在业务开发和项目审核上更为谨慎。受此影响，自 2016 年第二季度开始，股权众筹无论在平台数量还是筹资规模上已不再处于主导地位，整个市场表现较为低迷，份额也相对分散。不过据我们观察，巨头们普遍看好股权众筹在政策落地之后的市场空间和发展机遇，愿意冒风险提前做好准备。奇虎（360 淘金）、苏宁（苏宁私募股权）、百度（百度百众）、小米（米筹金服）等互联网巨头仍在加紧布局，与早先入场的实力型玩家如京东东家、36 氪股权、蚂蚁达客等平台在项目筛选、风险控制、资源提供、投后管理等方面展开角逐。

过去一年多，非标权益众筹虽然发展迅猛，但是风险事件频发，普遍缺乏持续的增长潜力。自 2016 年 9 月开始，汽车众筹的欺诈潜逃和经营不善等问题特别突出，在完成了第一轮投资人教育之后，行业疯狂吸金的态势有所缓和，若风险得不到有效遏制则可能成为监管层关注和整治的对象。实体店众筹出现了多起项目方挪用资金、携款潜逃等风险事件，直接导致人人投等平台放缓扩张速度，不过仍有平台获得资本市场的认可,相继完成 A 轮或 Pre-A 轮融资。影视众筹除产品周边的预售之外,开始向产业链上下渗透。自 2016 年下半年开始,股权或收益型项目数量急剧减少。房产众筹在国内或将长期陷入低迷,海外资产布局上可能会有新的机遇。

众筹在我国仍处于发展初期,在投融资双方的审核与管理、信息披露及投资者教育、投资人权益保护上都缺乏完善的机制。而监管的滞后,一方面为从业者的探索和创新留下了丰富的空间,另一方面也导致了合法性、合规性等诸多困惑与分歧,这些都是亟待解决的问题。目前互联网金融专项整治已经进入深水期,《中华人民共和国证券法》的修订面临诸多不确定性,我国互联网众筹在监管趋严和政府鼓励的双重背景下将提前进入整合规范期和变革期。

第 2 章

国外行业概况

众筹概念兴起于美国，其著名平台 Kickstarter 和 Indiegogo 的扩张和兴盛，间接推动了其他国家众筹行业的发展。数据[①]显示，2015 年，国外众筹项目数量居首位的是美国，共成功融资 19 688 个项目。其次是英国，共成功融资 4 085 个项目，加拿大排列第三，共成功融资 1 754 个项目。随后是澳大利亚、德国、法国，这三个国家的融资项目数量差距不大，分别为 449 个、356 个以及 324 个。从整体规模来看，2015 年，在世界范围内，股权众筹总规模达到 25 亿美元，产品型和捐助型众筹合计规模达到 55 亿美元。2016 年，国外众筹行业整体筹资数据尚未公布，但可以通过典型代表性平台见其一斑，下文将有详细述及。

[①] 数据来源：《Massolution Crowdfunding Industry 2015 Report》《Canada 2016：The State of The Crowdfunding Nation》。

第一节　美　　国

1.1　概况

美国作为众筹领域中最成熟、活跃的国家，其互联网众筹的概念最早诞生于 2003 年，一位叫 Brian Camelio 的音乐家设立了一家众筹网站，这个网站可以使音乐家们通过自己的粉丝的捐款来帮助他们进行音乐创作。如今这家众筹网站已发展成一个为影视、摄影以及音乐项目融资的产品众筹平台。

随后，产品众筹领域快速发展，其中众所周知的是成立于 2008 年的 Indiegogo 和成立于 2009 年的 Kickstarter。捐助型众筹很早便出现在美国，但新型的允许小机构和个人发起申请的众筹平台在 2010 年才正式出现，典型代表为 GoFundMe。

美国最著名的股权众筹平台当属成立于 2010 年的 AngelList，股权众筹在美国的发展呈现逐步开放的趋势，这一点从 "JOBS 法案" 颁布后用了三年时间才实现法案第三个部分的全部生效过程可以看出，监管机构对于股权众筹的态度是在控制风险的基础上一步步放宽政策。"JOBS 法案" 最大的改革就是对于创业型企业融资条件的放宽，即免除了融资中介注册成为经纪交易商的要求、准许中介在特定条件的私募发行进行一般劝诱和广泛宣传以及拓宽网上小额集资的中介渠道。

CrowdExpert 跟踪到的数据显示，美国 2015 年股权众筹行业融资规模达到 21 亿美元，其中 9 亿美元来自于房地产众筹领域，12 亿美元来自于企业众筹融资领域。受到"JOBS 法案"的规定限制，其中绝大部分来自于"合格投资者"。虽然新法中"A+条例"降低了投资者的门槛，同时也限制了企业最高 100 万美元的融资额度，但是"非合格投资者"的投资规模依然有限。

1.2 典型平台

一、股权众筹平台 AngelList

作为美国股权众筹平台的典型代表，AngelList 同时也是"领投+跟投"模式的创立者。AngelList 的前身是创始人 Ravikant 和 Nivi 于 2007 年创建的博客 Venture Hacks，两人创作了大量的专门帮助创业者寻求创业投资的博客。在搜集和整理创业者请求及天使投资人信息的过程中，AngelList 雏形渐成。2010 年 2 月，AngelList 正式上线运营。截至 2017 年 2 月底，该平台已经收录超过 260 万家初创公司的信息，为 2.3 万多家初创公司提供招聘服务。

（一）业务模式

AngelList 平台目前的业务主要分为两个板块，即融资与招聘。

AngelList 上的融资项目仅面向合格投资者，合格投资者又分为个人投资者和机构投资者，两者均需要遵循 SEC 标准进行合格投资者认证。AngelList 有三种在线投资方式：联合投资模式（Syndicate）、自发合投模式（Self-Syndicate）和基金模式（Fund），它们的特点如表 2-1 所示。

表 2-1　AngelList 的三种在线投资方式

投资方式	联合投资	自发合投	基　金
准入原则	跟投者可自行选择领投人，领投人有权接受或拒绝	项目获得至少一个 10 万美元单笔投资承诺	合格投资者
项目挑选方	领投人	合格投资者	AngelList
投资项目数	领投人决定	自行决定	100 个左右
期间是否可退出	在任一项目支付投资款之前可随时退出	支付投资款之前可随时退出	不能单独退出其中某个项目
收益提成	领投人自行约定（通常 5%~25%）；AngelList：5%	AngelList：10%	领投人：15% AngelList：5%
最低投资额	领投人决定	1000 美元	25 000 美元
投后管理人	领投人	AngelList	投资基金

资料来源：零壹研究院整理。

1. 联合投资模式

联合投资模式由一个领投人发起，其他已经认证的投资人对其进行跟投，跟投人与领投人之间建立一个非约束性的投资承诺。整个联合投资模式从最初筛选项目、募集资金到最后退出项目收益分成大致分为五个阶段。

阶段一：领投人（个人或机构）在平台公开其投资信息（包括每年预期投资项目数、投资规模和收益提成比例等），领投人发起一个 Syndicate，通过社交网络向其他投资人推广以获得跟投。

阶段二：跟投人申请跟投某个项目或自动跟投领投人的所有项目。跟投的资金会募集到一个为每个项目设立的"特殊目的基金"，即一个有限责任合伙企业（LLC），再由这个基金向初创企业投资。

阶段三：领投人选定项目后，会以个人名义投资不低于整个投资规模 10%的资金。此时，领投人有权决定是否接受跟投人的申请，也有权在任何时候移除某个跟投人。

阶段四：领投人会作为投资项目的主要负责人进行项目后续的监督和管理，例如指示 LLC 在投资企业的股东会中行使表决权或买入和卖出企业股份，这些举措需要向 AngelList 披露。

阶段五：项目成功退出后按照约定进行项目收益分成，领投人会获得 LLC 投资收益的 5%～25%。AngelList 则获得 5%的项目提成，剩余的收益按比例分配给跟投人。

2. 自发合投模式

自发合投模式是指企业可以自己发起一个 Syndicate，前提是该企业已经获得一个高质量投资人至少 10 万美元的投资承诺。当金额筹满 10 万美元时，企业可以关闭这个 Syndicate，然后向更多的投资人募集资金。

自发合投模式与联合投资的区别在于自发合投中率先投资的投资者不是领投人，不履行管理义务，资金的募集和投后管理由 AngelList 主导，因此普通合格投资者在参与自发合投的投资时需要支付 AngelList 10%的附带收益。

3. 基金模式

AngelList 设立了投资基金，主要投资于早期的科技公司，普遍投资数目在 100 个左右，侧重于跟投有经验的天使投资人或 VC 领投的项目。

平台上的合格投资人可以通过投资这种基金来间接投资创业项目，项目成功退出后，基金及领投人（针对有基金外领投人的项目）收取 15%的收益提成，AngelList 收取 5%的提成，剩余部分分配给投资人。

AngelList 的招聘板块上线于 2012 年 8 月，起初只为给融资失败的创业者提供一个向其他初创企业介绍自己的途径，也为融资成功的企业招聘核心员工提供一个便捷的渠道。求职者和招聘者可以通过 yes/no 功能获得对方的详细资料进行人才匹配。目前，这项服务免费提供，为网站带来了持续的活跃度和流量。

（二）营收来源

AngelList 不收取项目管理费和交易费用，收入主要来自于融资项目成功退出后的收益提成。如前文所述，联合投资模式收取跟投人盈利的 5%，自发合投模式收取跟投人盈利的 10%，基金模式收取投资人盈利的 5%。

二、产品众筹平台 Kickstarter

Kickstarter 于 2009 年 4 月在美国纽约成立，是一家专为具有创意方案的企业筹资的产品众筹平台，其创意性项目覆盖电影、音乐、美术、摄影、戏剧、设计、技术、食品等 13 个领域。截至 2017 年 2 月底，平台上成功的项目约为 12 万个，众筹金额接近 30 亿美元，参与支持的人数超过 1 200 万，其中近 400 万人有过多次支持行为。

（一）业务模式

Kickstarter 上的筹资项目在公开筹资前需要进行审核，审核通过后即可立项进入筹资期。Kickstarter 也设立了专门的检查小组对融资中的项目进行进一步审核来筛查有欺诈嫌疑的项目。筹资期结束后，如在设定期内未达到预定目标筹资额，该项目会被自动撤下，Kickstarter 不收取任何费用。若项目筹资成功，平台会收取 5% 的手续费，并监督项目发起人向投资者交付产品的情况。具体流程如图 2-1 所示。

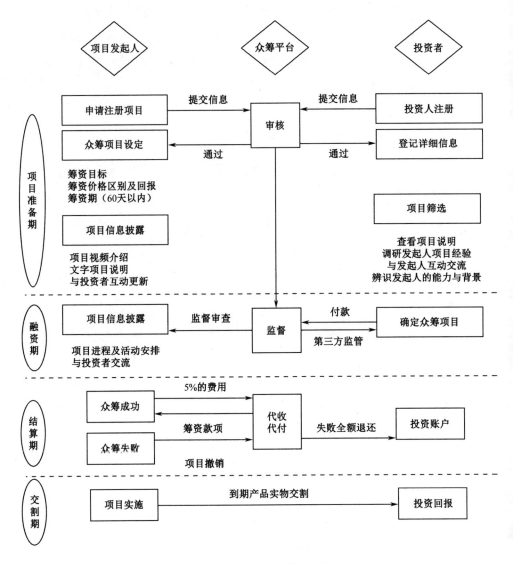

图 2-1　Kickstarter 的项目筹资流程

（二）项目特点

Kickstarter 平台上的项目多是文化创意项目，这与 Kickstarter 的"基因"有一定的关系。Kickstarter 的员工有很多是作家、设计师、音乐家、画家、诗人等，这些员工也会在 Kickstarter 上发布自己的创意项目。

Kickstarter 上成功融资的项目数占总项目数的比例不足 40%，约有75% 的成功融资项目刚刚达到或超过融资目标（不超过融资目标的10%）。总体来看，失败项目往往募集到的资金较少，平均仅达到融资目标的 10%，超过 80% 的失败项目实际筹资额在目标融资额的 20% 以内。然而也有一些融资目标较高且超募达到 10 倍以上的项目，这些项目多集中在硬件、软件和游戏等领域。

除此之外，成功融资的项目往往与当地传统文化具有强烈的共性，例如在电影之都洛杉矶，成功项目中有将近 60% 是电影类；在硅谷地区，成功项目中游戏、科技占了大部分。

（三）营收来源

一旦项目筹资成功，Kickstarter 会收取实际筹资金额的 5% 作为管理费用，不成功则不收取任何费用。

三、房地产众筹平台 Fundrise

Fundrise 上线于 2012 年 12 月，为投资者提供在线房地产投资服务，有四种众筹产品：房地产夹层债权众筹、房地产优先股众筹、房地产优先债众筹、房地产普通股众筹。此外，Fundrise 也为修建中的房产进行债权众筹。

根据 Fundrise 官网，其 2016 年的 eREIT^{TM} 产品投资人可以获得的年化收益率是 6.95%。截至 2016 年年底，Fundrise 管理着 11.5 亿美元的房产，交易笔数达 93 笔。房产类型包括办公楼、公寓、多户型住宅，等等，项目期限以 1～3 年为主。房产地域主要包括美国的几个大城市：纽约、华盛顿、西雅图、洛杉矶等。

2017 年 2 月 8 日，Fundrise 启动了首次"互联网公开发行（Internet Public Offering）"。

（一）业务模式

Fundrise 的所有众筹项目都是通过组建有限合伙公司进行运作的。图 2-2 所示为 Fundrise 众筹产品的简易流程（此处将房地产夹层债权众筹、优先股众筹与优先债众筹归为贷款众筹）。

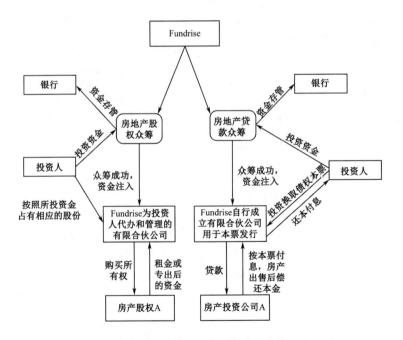

图 2-2 Fundrise 的众筹产品流程

房地产股权众筹业务的完整流程包括前、中、后三个阶段。

1．融资前期

Fundrise 的合作房地产商和房地产经纪公司发现合适的房源（必须是现房，并且能或者将来能产生稳定的现金流），与房地产商商量占有普通股股份，并且算出需要众筹的金额，然后放在 Fundrise 众筹平台上发起众筹。平台只众筹房源的一部分股权，房源的其他资产占比在平台网站有所披露。

2．融资阶段

（1）投资者在平台上筛选项目，最低投资额度为 5 000 美元，众筹中的资金全部交到银行做保管。

（2）众筹失败银行退钱给平台，平台再退给投资人 100%的投资。如果众筹成功，Fundrise 组建一个有限合伙制公司，投资人以投资的金额占取相应的股份，Fundrise 不占股份，通过这个公司来购买房产股份。投资者在投资时必须签订一个运营合同，合同规定由 Fundrise 全权管理这个有限合伙制公司，投资者对公司日常管理没有投票权，只有在极少数情况下有投票权。

3．投后阶段

如果每年房产有租金收益，租金会按照投资者所占股份进行分配。同样，如果房产股权最终出售，也按照投资者所占股份分配收益。如果房源无法产生稳定的收益，投资者将不会拿到任何收益，直到房源最终卖出。

Fundrise 房地产贷款众筹的流程与房地产股权众筹流程相似，但有两处不同。

（1）如果众筹成功，Fundrise 会自行成立一个有限合伙公司来发行债权本票。投资者在 Fundrise 投资债权众筹就是获得一张由 Fundrise 组建的有限合伙公司发布的本票。

（2）每月借款人都会偿还贷款利息，投资者按照所持有的本票获得利息。到房产卖出，投资者才会收到本金。如果借款人无法偿还债务，抵押房产会被变卖，收益还是按照投资者所持有的本票分配[①]。

（二）特色业务

Fundrise 给投资者提供了股权赎回机制，房地产股权众筹项目的周期一般都在 5 年以上。投资者在众筹成功后，持有股权超过半年以上的，可以在每个季度的固定时间内申请赎回资金，赎回价格依据持有的时间而不同，如表 2-2 所示。

表 2-2　Fundrise 的股权赎回机制

股权持有时间	赎回价格（按照每股实际价格百分比计算）
6 个月以内	不允许赎回
6 个月~2 年	95%
2~3 年	96%
3 年以上	97%

资料来源：零壹研究院数据中心整理。

[①] 值得注意的是，Fundrise 发布的本票有到期日期，如果在到期日前，Fundrise 没有收到回款，那么投资者将永远无法拿到本金和收益，就算后来 Fundrise 处理了抵押的房产，收回了本金以及利息，投资者还是无法得到这笔钱。Fundrise 的本票合同明确规定了这个条款，投资者必须遵循。

由于 Fundrise 需要保证自身资金的流动性来投资其他房地产众筹项目，所以 Fundrise 对赎回的份额也进行了限制，即单个项目每年赎回的份额不得超过上个年度的 5%或每个季度不得超过 1.25%，因投资者赎回而产生的任何费用均由投资者自行承担。

（三）营收来源

项目众筹成功后 Fundrise 会向投资人收取投资金额的 0.3%作为管理费用，在回款中直接扣除。Fundrise 的房产贷款众筹项目会向借款人收取一定的手续费。此外，如果 Fundrise 在本票到期后才收到借款方归还的资金，收到的所有资金（包括房产卖出资金）均是 Fundrise 的收入。

1.3　监管政策

美国针对股权众筹的监管主要依据《促进创业企业融资法案》（Jumpstart Our Business Startups Act，简称"JOBS 法案"）。这部法律确立了股权众筹平台作为新型金融中介的合法性，明确了平台权利与义务的基本原则，为股权众筹行业的发展提供了前瞻性监管指引。

一、针对股权众筹平台

（一）众筹平台的豁免

"JOBS 法案"规定了证券发行机构（包括所有由证券发行机构直接控制或共同控制的实体）可以通过公众集资进行证券发行或销售，但发行机构必须为经纪公司或集资门户，并重申了股权众筹网站作为集资门户的一个具体形态，由此获得的相应法律地位。同时，"JOBS 法案"在《1934 年证券交易法》第 3 条的修改中明确规定了"集资门户"的有限豁免权，免除了众筹平台登记成为证券经纪商或证券交易商的义务。

（二）众筹平台的限制

虽然法案在一定程度上放宽了股权众筹平台作为金融中介的准入条件，但平台仍受 SEC（美国证券交易委员会）的审查、执法和其他规则制定部门的监管。同时，根据《1934 年证券交易法》第 15A 条，平台需要注册成为全国性证券交易协会成员，目前美国全国性的证券交易协会只有 FINRA 一个，因此众筹平台必须在 FINRA 登记。

二、针对融资机构

（一）融资额度的限制

法案对融资机构通过股权众筹平台进行筹资的总额做了限制，要求不超过 100 万美元，包括交易发生前 12 个月内以及与豁免权相关联的所有交易金额。

（二）众筹资格的限制

"JOBS 法案"规定的众筹条款仅适用于在美国设立的企业，且不包括投资基金公司。SEC 还建议排除那些没有特定营业计划或其营业计划仅是并购其他组织的公司。

三、针对投资者

（一）投资者身份的限制

2015 年更新的法案明确了"合格"与"非合格"投资者可参与的项

目，法案将证券发行活动分为两级，并各自设置上限：一级证券发行活动的筹资上限为 2 000 万美元，二级证券发行活动可以在 12 个月内最多筹资 5 000 万美元；"非合格投资者"可以参与投资符合 A+条例的证券发行项目；一级证券发行活动没有对投资者施加任何限制条件，二级证券发行活动对于"合格投资者"没有提出其他限制条件，而"非合格投资者"最多可以将个人净资产的 10%或者年收入的 10%（二者孰高）用于投资符合 A+条例的证券发行项目。

（二）"非合格投资者"投资总额的限制

法案规定证券发行机构销售给任何单个非合格投资者的证券总金额（包括交易发生前 12 个月内以及与豁免权相关联的所有交易金额）应不超过：① 如果投资者年收入和资产净值均不超过 10 万美元，为 2 000 美元或该投资者 5%的年收入或资产净值（如适用）（以较大者为准）；② 如果投资者年收入或资产净值达到或超过 10 万美元，为该投资者 10%的年收入或资产净值，但最多不超过 10 万美元。

（三）投资者保护

法案对于股权众筹投资者的保护主要体现在以下几个方面。

1. 平台必须对投资者给予足够的风险提示

（1）明确投资者已经了解所有投资存在损失的风险，并且投资者能够承担投资损失。

（2）对投资者进行问卷调查，表明其了解初创企业（证券发行机构）的基本风险。

（3）按照证券交易委员的适当规则，审核投资者的信息。

2．平台和发行人对交易信息的披露义务

（1）发行人的招募说明书。

（2）平台对财务报表和其他文件进行尽职调查。

3．建立小额投资者保护机制

4．允许投资者在特定的条件下转售众筹证券

第二节　英　国

2.1　概况

英国剑桥大学发布的《2015 年英国替代性金融行业报告》显示，2015年，英国股权众筹融资规模为 3.32 亿英镑，产品众筹融资规模为 4.2 亿英镑，捐赠类众筹融资规模为 1.2 亿英镑。

在英国的股权众筹中，信息科技类公司成功众筹的项目数量和总融资额表现最为突出，工业类型的公司是第二热门。从融资阶段看，种子阶段的创业公司最多，融资规模也最小，有近 91%的融资项目筹资额度小于 50 万英镑。2011—2014 年的数据显示，种子阶段的融资项目平均筹资额为 14.7 万英镑。

目前英国规模最大的 4 家股权众筹平台分别为 Crowdcube、Seedrs、CrowdBnk 和 SyndicateRoom。根据各个网站公布的最新数据来看，这四

家平台的差距正在逐渐扩大，如表 2-3 所示。

表 2-3　英国四家股权众筹平台累计融资规模（截至 2017 年 3 月 14 日）

平台	融资规模/亿英镑	成功众筹项目数量
Crowdcube	2.2	494
Seedrs	1.4	450
CrowdBnk	0.84	未知
SyndicateRoom	0.74	70+

资料来源：零壹研究院数据中心整理。

2.2　典型平台

一、混合型众筹平台 Crowdcube

Crowdcube 是英国最早的股权众筹平台，成立于 2010 年 8 月，于 2011 年 2 月正式上线。截至 2017 年 3 月 14 日，平台累计融资额度超过 2.2 亿英镑，注册用户超过 36 万，共众筹成功 494 个项目，平均投资金额为 1 789 英镑。

（一）业务模式

Crowdcube 的产品以股权众筹为主，也包括债权众筹，投资者可以根据风险偏好自行选择。

早期种子阶段的初创公司大多进行股权众筹。股权众筹投资者主要通过公司上市或被收购时卖出的股份实现退出（Crowdcube 不提供股权转让服务）。如果企业的经营状况良好，会给股东分红，投资者也可以从分红中获利。

对于成长期的公司，Crowdcube 为他们提供了债权众筹产品，即按固定的借款利率（6%～15%）向投资者筹资，借款期限最多为 5 年。投资者每年收到创业公司支付的利息，债权到期后收到本金。Crowdcube 允许投资人进行债权转让，前提是必须持有债权达到一年以上。

由于众筹风险较大，而平台起投金额又非常小，最低至 10 英镑，因此 Crowdcube 鼓励投资者分散风险，进行多个项目的投资组合。

（二）业务流程

1. 股权众筹项目

（1）项目申请

融资者向 Crowdcube 提出申请，确定公司价值和目标融资金额，并提供项目描述、退出策略、商业计划、未来 3 年的财务预测。通常 Crowdcube 在 72 小时内对项目进行审核，如果审核不通过，会提供详尽的修改意见，以便公司能够再次快速申请。

（2）项目制作

通过审核后，融资公司需要根据自己的融资需求，设定融资目标、股权出让份额，制作项目视频。在此过程中，Crowdcube 通常会安排顾问来协助融资公司设计项目。项目制作完成后，Crowdcube 会再次进行审核，并进行一系列的尽职调查，通过审核后项目可正式上线。

（3）项目融资

项目上线后，投资者可通过多种方式与项目发起人进行沟通。项目融资期限一般为 30 天，若有特殊情况 Crowdcube 会进行调整。若项目众筹成功，平台会向融资企业收取手续费，投资者则无须缴纳任何费用。若众筹失败，平台则不向任何一方收取费用。

2. 债权众筹项目

债权众筹产品仅针对至少有两年历史且经营状况良好的成长型公司。债权众筹项目的最低融资目标为 1 万英镑，没有最高限制；如果融资目标高于 15 万英镑，就需要向网站提交书面材料并经网站审核同意。

（1）项目制作

在债权众筹项目中，Crowdcube 债券团队将会全力协助企业进行路演设计、债券设计（包括期限、利率、融资目标等）、财务评估、固定资产审核等详尽的辅助工作。

（2）项目融资

项目上线后有 45 天的融资期限，众筹成功后平台会收取一定的费用。

（3）营收来源

对于众筹成功的债权或股权项目，Crowdcube 会收取一定的手续费。

二、房地产众筹平台 PropertyPartner

PropertyPartner 成立于 2015 年 1 月，是一家针对英国房地产的新晋众筹平台，PropertyPartner 最主要的业务就是为投资者提供房地产股权众筹的项目。截至 2017 年 2 月，平台累计融资额超过 4 700 万英镑，投资人超过 9 800 人，成功众筹项目超过 340 个，风险收益率预计为 13%。

（一）业务模式

PropertyPartner 的业务模式与 Fundrise 的股权众筹项目类似，由 PropertyPartner 业务人员甄选出合适的房产，谈定交易价格后将项目放到平台上出售部分股权，众筹所需资金。投资者的资金最后统一投资到由 PropertyPartner 建立并管理的有限合伙公司，后续房产的出租或出售都由 PropertyPartner 决策并执行，投资者通常没有决策权。

若在规定的时间内筹资目标未满，则由 PropertyPartner 支付余下的资金。之后，投资者按照投资金额获得相应的股份，每月按比例收取租金分成。房产如果被出售，房产增值的价差也作为投资者的收益，按照所占股份分配。

PropertyPartner 还开发了一款每月定投产品，使投资者每月的收入自动定投到不同的房地产股权众筹项目中去，为投资者建立风险分散的投资组合。投资者可以获得每年固定 3% 的房租收益，此外，固定资产的升值也是一项额外收入，PropertyPartner 数据显示，这项收益大概年化 7% 左右。这部分投资还可以避税，投资者享受每年 5 000 英镑分红和 11 100 英镑资本利得的免税优惠。

（二）业务特色

PropertyPartner 设立了二级市场，用户可以将自己持有的股份随时出售给网站的其他用户，价格自定。它同时提供五年期统一退出机会，若用户在一处房产投资满五年，想退出但没有买家的话，PropertyPartner

会直接将房产卖出，把所得收入分给用户。如此，相比较 Fundrise 每个季度赎回一次并且有额度限制的模式，PropertyPartner 的进入和退出机制更加灵活，运用二级市场解决了房产股权众筹退出期长、资金流动性差的问题。

（三）营收来源

（1）一次性收取房产购买金额的 2%。

（2）收取租金的 10.5%，以覆盖网站提供的三项服务：广告、出租和房屋管理。

（3）向房屋交易商（中介）收取 2.5% 的手续费。

2.3 监管政策

一、针对众筹平台

英国金融行为监管局（FCA）规定众筹平台必须进行注册，中介机构必须获得 FCA 的许可才能向合格的投资者销售非变现证券，不论是通过互联网还是其他方式。

FCA 还要求股权众筹平台只提供辅助性的服务，不涉及"受监管活动"（regulated activities）。如果平台提供的说明构成投资建议，比如星级评价、最佳投资评比等形式，就需要向 FCA 申请投资咨询机构授权。

二、针对融资机构

（一）众筹资格限制

英国的封闭公司没有股东人数限制，但是英国禁止封闭公司公开发行股票，故英国的股权众筹实际上只限于公开公司。

（二）融资额度

英国对股权众筹发行人的筹资额没有限制。然而，发行人必须根据筹集的资金数额来公布招股说明书或其他披露文件。

三、针对投资者

（一）投资者身份限制

投资人适格性是英国众筹监管规则的重要内容。英国股权众筹只限于成熟投资者和特定的几类普通投资者。FCA 要求相关的公司通过众筹平台（或其他媒介）直接报价进行促销并销售未上市证券时，应仅面向下列投资者：

（1）专业投资人。

（2）有风险投资经历或有企业融资经历的零售客户。

（3）被认证为高净值投资者的零售客户。

（4）被认证为或自我认定为成熟投资者的零售客户。

对于零售投资人，需确认其在接受投资促销时，将会收到授权人士的规范投资建议和投资管理服务；需被证明在投资未上市股票和债券时，其投资金额不会超过其可投资的净金融资产的 10%，即其保证投资（失败）后不会影响基本的居住条件、养老金和寿险保障。

（二）投资者保护

1. 适宜性评估

FCA 提议所有众筹平台在向零售投资者促销非上市证券之前，按照《商业行为准则》（COBS，下同）第 10 章里的规则进行适宜性测试，这是为了保证仅有具备风险认知知识与经验的投资者可以进行投资。众筹平台可以将客户认证与适宜性评估合二为一。然而，为了符合规则，其必须是促销前的一个流程。

2. 投资者风险提示

FCA 要求产品和客户承诺中的相关风险需要给予直白、清晰、突出的风险提示。而且，FCA 认为向投资者提供单一、标准、官方的风险提示或许是没意义的，不同的环境、不同的产品和不同的投资者应该给予不同的风险提示。

3. 信息披露与尽职调查

FCA 表示现有的金融产品促销与披露准则依然适用。平台实施与批准金融产品促销必须保证符合相关的规则，特别是保证符合公平、清晰、无误导性的要求。为了满足金融产品促销规则，FCA 期望平台提供足够多的细节来平衡风险与收益指标，包括是否对被投企业进行了尽职调查，尽职调查的程度以及分析得出的结论。当产品与企业投资计划相关，或与种子企业投资计划相关时，FCA 期望平台能够根据客户情况的不同理清如何进行税务处理以及未来可能发生的变化。

第三节　加拿大

3.1　概况

报告[①]显示，截至 2015 年年末，加拿大众筹平台合计有 115 家，其中捐赠/奖励众筹平台多达 62 家，股权众筹平台有 18 家，P2P 平台 8 家，其他则为综合型众筹平台。2015 年，加拿大众筹募资额达到 1.33 亿[②]加元，2016 年已达到 1.9 亿加元。

加拿大的众筹市场的绝对主力是美国平台 Kickstarter 和 Indiegogo，这两家平台 2009—2014 年间在加拿大前五大城市推出的项目合计为：多伦多（667）、温哥华（417）、蒙特利尔（354）、卡尔加里（137）和渥太华（119）。截至 2017 年 3 月 14 日，Kickstarter 在加拿大发起的项目总数约 1.3 万个，按平均每个项目 2.4 万美元估算，其募资总额在 3 亿美元左右。而 FundRazr 发布的项目总数在 4.3 万个左右，募资总额为 9 800 万加元。

2015 年，加拿大众筹行业的整体变化可以归纳为：项目数量有所下降，

---

① 数据来源：2016 Alternative Finance Crowdfunding in Canada。
② 包括 P2P 平台的交易数据，2016 年的预计数据也包括 P2P。

融资规模持续上升，表 2-4 所示为 2015 年加拿大众筹行业的整体数据①。

表 2-4　2015 年加拿大众筹行业的整体数据

众筹项目数	8 677	同比 2014 年下降 8%
众筹成功率	20%	同比 2014 年下降 2%
融资规模	约 4 065 万加元	同比 2014 年上升 15%
平均每个项目融资额度	20 140 加元	同比 2014 年上升 37%
平均每人投资额度	93 加元	同比 2014 年上升 5%
平均每个项目的投资人数	58 人	同比 2014 年上升 19%

资料来源：零壹研究院数据中心整理。

3.2　典型平台

综合性捐助+产品众筹平台 FundRazr 于 2008 年成立于加拿大温哥华，2009 年 9 月 1 日正式上线。FundRazr 最初是一款通过 Facebook 来进行公开众筹的 APP，后来发展成为首家提供筹集款项实时打到发起人账户的众筹平台，是加拿大最大的众筹平台之一。

一、业务模式

发起人在平台上起草众筹项目说明，发布众筹请求，主要需要做三件事情：介绍——以叙事的形式阐述申请众筹的理由；宣传——发起人可将众筹项目通过 Facebook、Twitter、Google+、Linkedin、Pinterest、第三方网站、博客、email 等形式进行传播，FundRazr 也会对发起人提供项目指导、公开宣传等辅助服务；收款——发起人设置款项筹集模式以及

---

① 数据来源：Canada 2016：The State of The Crowdfunding Nation，由于 2016 年的数据尚未公开，故本报告以 2015 年的数据作为参考，下同。

期限，一旦众筹成功，款项会立即打入相应的账户。

二、业务特色

（一）Keep it all 实时筹款

在"Keep it all"模式下，发起人可以随意设置众筹期限，众筹到的款项都会实时打入发起人的相关账户，即使在众筹期限内并未达到众筹目标额度，发起人仍可以获得后续众筹的款项[①]。

（二）以社交网络作为主要宣传渠道

作为一家主打捐助众筹的平台，宣传力度尤为重要，FundRazr 大力在 Facebook、Twitter、Linkedin 等社交网络宣传项目，起到了很大的传播效应，成功获得了更多人的关注与捐赠，为发起人成功众筹提供了有力支持。

（三）项目种类丰富

FundRazr 平台兼具产品众筹和捐助众筹的特点，项目类型十分广泛，包括公益类，如医疗救助、灾区救助、动物救助、社区捐助等；产品众筹类，如科技类产品、艺术类产品、手工类产品、书籍等；还有活动捐助，如婚礼捐助、庆典捐助、葬礼捐助、旅游捐助等。个人和机构（包括小微企业、慈善机构、非营利性机构等）都可以在 FundRazr 上进行众筹。而对于捐助者，发起人可以选择是否给予奖励，奖励可以是众筹项

[①] FundRazr 也提供传统的"All or Nothing"模式，即如果发起人在设定的期限内未筹满目标金额，项目失败，发起人不会获得任何款项。

目的产品、活动众筹的门票或者其他感谢礼品。

三、营收来源

FundRazr 对于每个收到款项的项目收取 5%的服务费，对于没有筹集到资金的项目则不收取费用。平台仅支持 WePay/PayPal 支付方式，对于每个收到款项的项目会加收 2.9%的交易费以及每位捐助者 30 美分的手续费。

3.3 监管政策

一、针对股权众筹平台

目前，加拿大除安大略省以外的地方均允许注册的交易商通过互联网向公众出售证券时免于提交招股说明书，从事股权众筹活动的主要是注册交易商中的"豁免型市场交易商"（EMD），而安大略省的众筹建议要求股权众筹平台注册为受限交易商。

二、针对融资机构

（一）融资机构的豁免

魁北克等 6 省的证券监管机构于 2015 年 5 月生效了《众筹注册与豁免规则》，实施"登记和招股豁免"规则，以向加拿大的初创公司通过众筹方式融资提供便利。豁免规则要求：众筹发起公司只需提交一份规定格式的"发起文件"，内容包括发起公司的基本信息、管理和筹资信息、风险因素、如何使用所筹资金以及最低发行量等。发起结束后，发起文件必须和"豁免众筹报告"一并提交给地区的证券监管机构。

上述豁免规则只适用于此前从未招股的发起公司，符合规定的证券的持有期没有限制，但只能在另外的招股豁免中通过招股退出或在发起公司招股 4 个月后转售。

加拿大安大略省合格的股权众筹发行人必须在加拿大，其总部在加拿大，大多数董事必须是加拿大居民。

（二）融资额度的限制

对于魁北克等 6 省，发起公司的总筹资金额不得超过 25 万加元，且每自然年只能使用两次豁免众筹规则。

对于安大略省，12 个月内"发行人集团"通过股权众筹筹集的资金限额为 150 万加元，发行人集团包括发行人、发行人的附属公司以及与发行人或发行人的任何附属公司从事共同事业的发行人。

三、针对投资者

（一）投资者保护

投资人有权撤回投资，众筹平台必须在收到投资人通知后 5 个工作日内退款。

（二）投资额度限制

魁北克等 6 省使用豁免规则时，每个投资人的投资限额为 1 500 加元。安大略省建议一个投资者投资每个发行人的每次要约不超过 2 500 加元，一年内对所有股权众筹发行人的总投资不超过 1 万加元。

第四节　法　国

4.1　概况

法国是欧洲较早发展众筹的国家之一，在 2007—2008 年间最先出现一批产品众筹和捐助众筹平台，目前仍是法国的两类热门众筹类型。法国的众筹平台从 2013 年开始迅速发展，截至当前累计众筹平台数量大约有 140 家。

公开资料显示[①]，2015 年法国捐助型众筹的融资规模为 830 万欧元，产品型众筹的融资规模为 4 190 万欧元，股权众筹融资规模为 5 010 万欧元，但这些业务中很大一部分由 Kickstarter 和 Indiegogo 贡献。法国本土众筹平台较为成熟的有 KissKissBankBank、Ulule、Anaxago 和 WiSeed。

4.2　典型平台

产品众筹平台 Ulule 是法国的一家代表性平台，于 2010 年成立于法国巴黎，目前其业务范围遍及欧洲，并对超过 180 个国家的支持者开通支付渠道，不涉及股权众筹。其在法国的同类竞争对手为 KissKissBankBank，同时还面临着 Kickstarter 和 Indiegogo 的竞争。

[①] 数据来源：《Financement Participatif France》《Baromètre du Crowdfunding 2015》

截至 2017 年 2 月初，Ulule 已经有超过 1.6 万个项目众筹成功，众筹成功率达到 68%，募集资金接近 8 000 万欧元，平台上的用户来自 198 个不同的国家。众筹产品的类别多种多样，主要分为影视、音乐、慈善、书籍、游戏、艺术摄影、戏剧、运动、食品、科技、时尚设计、动漫、教育、遗产。

一、业务模式

与大多数产品众筹平台的模式类似，项目发起人首先需要准确地描述自己的项目。其次，发起人设定所需要众筹的额度（最低 5 欧元，上不封顶）以及截止日期（最多 90 天）。发起人必须在项目截止日期前将所要筹集的款项全部筹集完毕才算众筹成功，否则众筹失败，发起人将不会获得任何款项。一个发起人可以在平台上发起多个众筹项目，也可以就一个众筹项目进行多次发起。

Ulule 会对申请的众筹项目进行多次审核。首先，项目发起人需要提交该项目的核心理念，如果该理念符合平台的"集体利益"标准，项目会通过首关。之后平台会给项目指派一个创意主管审核项目策划书，创意主管审核通过，这个项目才可以在平台上展开众筹。在后一阶段的审核中，创意主管相当于一个教练，负责找出这个项目的问题，而不是盲目要求修改项目计划书。

二、业务特点

Ulule 最特别的地方在于其通过众筹项目的审查标准去帮助和支持发起人，这套机制使 Ulule 众筹项目的成功率达到了 65%，而与其业务比较类似的 Kickstarter 成功率只有 37%。

Ulule 同样为慈善事业开展众筹项目。对于慈善组织和社会机构来说，Ulule 可以为他们进行更多的宣传，提供一种新的了解大众需求的方法。传统慈善组织的主要捐赠人都在 50 岁以上，通过 Ulule 这个媒介可以使捐赠群体更加年轻化。

除此之外，Ulule 也给品牌公司提供市场沟通建议。品牌公司可以列出一组他们希望开展的众筹项目或他们希望支持的项目，然后使用自己的工具管理这些项目，Ulule 为他们提供应用程序接口。

三、营收来源

Ulule 仅对众筹成功的项目收取佣金[①]。Ulule 对通过信用卡形式募集非欧元的众筹项目收取 6.67% 的佣金，对于通过支票或 PayPal 募集的非欧元众筹项目收取 4.17% 的佣金。对于以欧元作为募集资金的众筹项目，收费标准如表 2-5 所示。

表 2-5 Ulule 的收费标准

募集金额	信用卡渠道	支票或 PayPal
0~10 万欧元	6.67%	4.17%
10 万~25 万欧元	5.83%	3.33%
25 万~50 万欧元	5%	2.5%
大于 50 万欧元	4.17%	1.67%

资料来源：零壹研究院数据中心整理。

---

① 本段所列费率均不含税。

4.3 监管政策

一、针对股权众筹平台

2014 年 10 月 1 日，法国针对股权众筹制定的《参与性融资条例》要求从事股权众筹的平台注册为"参与性投资顾问"（CIP），即投资咨询机构，并对其可提供的服务和可从事的业务进行了限制。同时，法案规定了在参与性融资范围内公开发行证券的条件，并授权法国金融市场管理局（AMF）对相关豁免政策制定具体的实施细则。这项政策的制定放宽了众筹平台的准入门槛。

另外，除了允许股权众筹平台注册为参与性投资咨询机构以外，也允许其注册为投资服务提供商（PSI），PSI 资格允许众筹平台服务的范围更广，审批也更为严格，需要获得由法国金融审慎监管局（ACPR）的许可，并受 AMF 和 ACPR 监管。

二、针对融资机构

法国立法规定单个发行人 12 个月的股权众筹总发行额不能超过 100 万欧元。

三、针对投资者

（一）投资者教育

法国鼓励众筹平台向缺乏投资知识和投资经验的散户提供投资建议，弥补散户在专业知识和经验方面的不足，以提高投资者的理性决策。

（二）投资者风险提示

法国众筹条例并未明确规定适合性测试的内容，法国监管层选择将该内容整合到 CIP 投资顾问的职责中。根据 AMF 对投资顾问的职责规定，从其客户或潜在客户获取相关的信息是提供投资建议之前的必经程序，相关的信息包括投资知识和投资经验、财务状况、投资目标等，确保投资建议的适当性。当客户或潜在客户不提供或无法提供相关的信息时，投资顾问应当拒绝提供任何投资建议。

第五节　德　国

5.1　概况

2010 年，德国的第一家产品众筹平台成立，此前，德国仅有一些网络借贷平台和捐助平台。随后的 2011 年，德国第一家股权众筹平台也宣布成立，开始为创业公司提供股权融资中介服务。之后，众筹行业开始在德国兴起，各类众筹平台相继建立，竞争激烈。到目前，运营中的众筹平台超过 60 家。

公开资料显示①，2015 年德国产品众筹融资规模大约为 980 万欧元，股权众筹融资规模大约为 3 730 万欧元。德国本土比较有代表性的平台包括捐助众筹平台 Better Place、产品众筹平台 Startnext 和股权众筹平台

---

① 数据来源：The Current State of Crowdfunding in Europe。

Companisto。德国的本土平台同样遭受美国平台的激烈竞争。

5.2　典型平台

Companisto 是德国的一家典型众筹平台，它成立于 2012 年 6 月，起初是一家仅面向德国投资者的德语平台，运营两年以后，发现平台的投资者来自于 32 个国家。在 2014 年 3 月，Companisto 推出了英文网站，立志打造一个面向全球投资者的股权众筹平台。

根据 Companisto 官网，截至 2017 年 2 月，其平台上的项目获得了超过 3 600 万欧元的投资，共有超过 6.7 万来自 70 多个国家的投资人参与，三家在平台上融过资的初创公司被其他公司收购。

过去三年多时间里，在 Companisto 平台上成功融资的企业总估值从 8 351 万欧元上升到 1.03 亿欧元，上升了 23.24%。不过同时，也发生了 5 起融资企业破产的情况，这 5 家企业的合计融资的金额占平台上总融资金额的 5.57%。

一、业务模式

Companisto 为初创企业提供股权融资服务，为成长型企业提供债权融资服务。投资初创型公司的投资者有两种获利途径：一种是融资企业盈利，在每年的 7 月 31 日进行分红；另一种是在允许退出时卖出股份获利。成长型公司的债权投资者每年以固定利率获得回报，每年最高 8%，利息每半年结算一次，贷款周期为 3～4 年。二者的对比如表 2-6 所示。

表 2-6　Companisto 为初创&成长型机构提供的服务对比

对比因素	初创型机构	成长型机构
权益结构	股权	债权
固定利率	1%	最高 8%
利率偿还	退出一次性偿清	每半年
贷款周期	最少 7~8 年	固定 3~4 年
享受股权收益	√	×
退出机制	√	×
享受公司升值收益	√	×
本金偿还方式	退出一次性偿清	到期一次性偿还

资料来源：零壹研究院数据中心整理。

　　Companisto 的淘汰率高达 99%，也就是说每 100 个在 Companisto 平台上申请融资的企业，最后只有一个胜出。首先，融资机构在线提交融资申请，Companisto 根据基本资料进行一轮预筛选，这一轮大约会筛选掉 75% 的创业公司。然后，通过预筛选的公司提交商业计划书和财报资料进行第一轮审核，这一轮筛选只会留下 10% 的候选人。接着，Companisto 约见公司创始人，进行第二轮审核，这一轮之后只会有 5% 的候选轮进入最终审核。在最后一轮，Companisto 与创业公司就众筹条款等事宜进行谈判，最终确定可在平台上进行众筹融资的创业机构。

　　股权投资者在完成投资后会收到关于此次融资项目的股权认证资料。每个季度，还会收到公司业务发展情况报告。收益和利息会转至投资者银行账户。股权投资者的退出机制有两种：如果融资机构盈利后选择高价赎回股权并获得投票通过，投资者以此种方式退出；Companisto 也允许投资者自行转让股权，但并没有提供转让服务，需要投资者自己寻找受让人。

二、特色业务

（一）投资组合

Companisto 不限制投资人的投资额度以及投资项目数，鼓励个人投资者以多家初创型与成长型机构混合投资的方式来分散风险，根据风险偏好来配置自己的投资组合。

（二）Crowd Voting

Companisto 开发了"Crowd Voting"机制降低投资风险，在该机制中，1/3 的投资资金进入第三方账户进行托管，通常在本轮融资结束 6 个月之后，投资者根据初创企业近半年的表现，按照每人所占股份的比例投票表决是否将这 1/3 的资金进行续投。

三、营收来源

投资者获利退出时，Companisto 从投资者收益中收取 10%作为佣金。

5.3 监管政策

德国政府在 2015 年一季度公布了一部法律草案，将对金融市场进行更严格的监管，涉及众筹领域。

一、针对融资机构

如果企业想从零售投资者处融资超过 250 万欧元，就必须提供详细的招股说明书；初创企业必须公开众筹的潜在风险；德国联邦金融监管局可以限制被认为有问题的广告。

二、针对投资者

个人投资者单次风险投资额不能超过 1 万欧元，且投资超过 1000 欧元的投资者，其流动资金至少要超过 10 万欧元或每月净收入超过其投资额两倍以上。在众筹资金到位的 14 天以内，投资者有权要求融资企业退款。

第六节　澳 大 利 亚

6.1　概况

捐助型众筹在澳大利亚发展较快，尤其是在社区、慈善等领域广泛发展，仅 2015 年的融资规模便达到 1 060 万澳元。产品众筹同样在澳大利亚广受欢迎，人文、艺术类型的产品热度很高，2015 年，本土的产品众筹大致融资规模在 2 800 万澳元。股权众筹由于受到"合格投资者"的限制，其投资人数较少，2015 年的融资规模约为 2 600 万澳元。此外，房地产众筹融资规模约为 760 万澳元[①]。

---

① 数据来源：KPMG 官网。

6.2 典型平台

ASSOB 是澳大利亚小规模众筹委员会的简称，本部设立于布里斯班，是澳大利亚最大的股权众筹平台，根据平台的最新数据，已经累计募集资金超过 1.45 亿澳元。ASSOB 服务的企业阶段从种子阶段到企业规模扩张期，跨度很大，融资规模也从 25 万澳元到 500 万澳元不等，因此吸引了很多发展良好的创新型企业。

一、业务模式

审核阶段，ASSOB 采用准入委员会评估的方式对每一家希望在 ASSOB 平台上融资的企业进行严格的尽职调查。通过尽职调查的企业会被委派一名公司顾问来为企业评估商业模式、模式扩张性、融资用途、营销方式、竞争力优势、估值、管理团队等各个环节。

在帮助企业做好融资目标与项目说明后，项目上线，ASSOB 要求企业将尽可能详细披露与融资相关的信息并供投资者在平台上下载。投资者可通过企业路演、邮件、访问等方式与创始人、公司管理层进行沟通。

融资阶段，投资者通过自主调研选择希望投资的企业，根据最低限购额度进行认购。融资期间，非法定信托账户会进行托管，ASSOB 自动记录股份所有权更改，ASIC（澳大利亚证券投资委员会）负责监管融资过程。

众筹成功后，融资企业根据规定每个季度更新近期经营活动情况、公司财报、管理层动向以及融资阶段信息。ASSOB 有二级市场，向投资者开放。

二、特色业务

（一）二级市场

ASSOB 上的每一家企业需要保证在未来 12 个月之内不兑换、出售超过 10%的已有股份。一旦众筹成功，投资者即可在 ASSOB 的二级市场出售自有股份，价格自定。对于二级市场股权交易服务，ASSOB 提供标准、专业化的交易系统，从文件的签署到账户的管理都留有凭证，并及时将股权变更信息提交给企业。

（二）Compliance Listing

Compliance Listing 还为众筹企业的老股东提供二级交易服务。首先，股东让企业向 ASSOB 申请"Compliance Listing"并进行审核，审核通过后，该股东即可在 ASSOB 的二级市场发布股权出售信息。

（三）营收来源

ASSOB 收取交易费、咨询费以及增值服务费。咨询费用主要包括前期委派顾问为融资企业所做的一系列尽职调查与融资服务费用。交易费用是向每个成功融资的项目收取固定百分比的总融资额度费用，融资失败不收取费用。增值服务费是对企业额外服务收取的费用。具体明细如下。

1. 咨询费用

990 澳元——投资者项目说明与尽职调查。

3 960 澳元——市场推广材料撰写与对尽职调查各环节进行评估和

报告撰写。

2．交易费用

向每个成功融资项目收取总融资额的 8.8%。

3．增值服务（可选择服务）费用

投资文件——投资文件模板、融资规模、条款提示（660 澳元），或负责全部投资文件的撰写（4 400 澳元）。

公司注册——700 澳元。

信托账户与股权登记服务——一次性信托账户与股权登记（1 250 澳元），申请处理费用（132 澳元）。

6.3　监管政策

2016 年 12 月，澳大利亚议会颁布《2016 公司法修正（众筹）法案》（Corporations Amendment (Crowd-Sourced Funding)Bill），以改善众筹环境。该法案要求融资企业必须是澳大利亚企业，在发行投资项目当时的总资产必须少于 2 500 万澳元，年收益也必须少于 2 500 万澳元。融资方在 12 个月的时间内能够筹得的最高资金为 500 万澳元，这个上限的设置是为了匹配许多国家规范（在美国以外的区域）。要想从事众筹金融服务，平台还必须持有澳大利亚金融服务执照，也有可能需要持有澳大利亚市场许可证。该法案将自身与新西兰现行的众筹法规进行了比较，还对众筹过程中所有利益相关方（融资方、众筹平台和投资者）付出的成本投入了大量关注。

此外，澳大利亚的众筹在原有法律框架下进行监管。2014 年 12 月，澳大利亚政府曾提出三种众筹监管思路：企业与市场咨询委员会（CAMAC）模式、新西兰模式，或不对现有政策进行任何更改。这里主要介绍 CAMAC 模式。

一、针对股权众筹平台

CAMAC 认为单纯的注册及依赖于行业自律并不能足够确保发行人和大众投资者对中介机构的持续信任，故建议获得澳大利亚证券和投资委员会（ASIC）的许可是中介机构在其网站上从事股权众筹业务的前提条件，而且 CAMAC 建议针对股权众筹制定一种特别许可体制。

二、针对融资机构

CAMAC 建议初创企业在获得政策豁免后，可自动成为上市股份公司，其融资额度每年不超过 200 万澳元。

CAMAC 建议创设一种新的公司形式——"豁免型公开公司"（Exempt Public Company）。合格的发行人可以选择成为公开公司或者豁免型公开公司。豁免型公开公司有一定的期限限制，但在存续期内免于公开公司的通常管制和义务。

三、针对投资者

CAMAC 建议每个公众投资者在 12 个月内只能对同一发行人投资最高 2 500 澳元，对所有发行人的投资不得超过 1 万澳元。

第七节　日　本

7.1　概况

相较于欧美和中国众筹行业的高速爆发，日本的情况显得平稳。受限于法律政策，日本的股权众筹一直没有发展起来，目前比较有名的 Maneo 是以借贷的形式来为小企业融资，其模式类似于中国的 P2B。日本目前的众筹平台主要为捐赠众筹和产品众筹，数量大约有 50 家，大多数平台的规模都比较小。政府在支持众筹行业的发展上，实行鼓励小额投资的策略，设立了最高投资限额，融资企业从单一众筹平台获得融资的额度从原来的 500 万日元降到 100 万日元，个人投资者的投资额限定为 5 万日元以下。

7.2　典型平台

Readyfor 是目前日本最大也是最早的产品众筹平台，成立于 2011 年，创始人是一位日本女性——Haruka Mera，目的是帮助有需要的人筹集资金实现梦想。Readyfor 的业务范围仅限于日本，截至 2016 年 9 月初，已经成功运作 4,470 个众筹项目，参与人数达 17 万人，融资金额超过 26 亿日元。

一、业务模式

在 Readyfor 平台申请众筹时，发起人首先需要提交项目方案和融资额度。项目审核通过，发起人将会被配备一个平台员工作为"监督者"，帮助前者一起设计项目页面，通常项目从准备到上线大约需要 3 周。

投资者的支持份额以"门票"形式体现，数量根据资助的金额而定。"门票"机制的设立主要是为了保证投资者拿到相应的回报。"门票"可以是一句感谢的话、一个现场活动的门票、明信片或者书籍众筹的实物书籍等。一旦发起人在规定的时间内筹集到设定的资金额度，众筹成功，平台收取项目融资金额的 17%作为佣金。若项目失败，则平台不收取任何费用。

二、业务特点

Readyfor 的特别之处在于创始人 Mera 将平台重点资助的项目锁定在一些本土城镇重修项目或改建工程上。由于 2011 年日本大地震所造成的损坏，2014 年之前，很多灾后重建项目都获得了相应的资金支持，帮助 Readyfor 建立了较好的品牌。近两年，获得支持的此类项目已经越来越少。

除此之外，创始人 Mera 把医疗护理作为一类重要的众筹项目。在 2015 年 Readyfor 年度众筹项目冠军的评选上，一个致力于为确诊为癌症的病患提供专业的身体、精神、人文帮助的医疗护理中心"Maggie's Tokyo"摘得桂冠。

三、营收来源

Readyfor 对成功众筹项目收取实际筹资金额的 17%作为手续费，这个比例低于日本的其他几家大型众筹网站（多为 20% 左右）。

7.3 监管政策

日本的股权众筹受《金融商品交易法》限制，该法案对众筹平台运营者的规制很严格。2014 年 5 月，《金融商品交易法等部分修改法案》通过，在一定的程度上降低了股权众筹平台的准入门槛。

一、针对股权众筹平台

《金融商品交易法等部分修改法案》提出了两种适用特例，建立了小额证券发行豁免制度。修改法案把通过网络等进行有价证券的公募或私募定义为"电子募集处理业务"，小额股权众筹机构被定义为特例金商业者，无须遵照《金融商品交易法》的规定注册成为第一种金融商品交易业者。

《金融商品交易法等部分修改法案》规定，对仅开展发行总额低于 1 亿日元、每人投资额度不超过 50 万日元的小额业务的金融商品交易企业，不设兼营限制，并降低注册所需最低资本金标准，其中推销股票的第一类金融商品交易从业者最低资本金由 5 000 万日元降至 1 000 万日元，推销基金的第二类金融商品交易从业者最低资本金由 1 000 万日元降至 500 万日元。

二、针对融资企业

新修改法案还修改了非上市股份交易规则，股票在交易所上市之前，一般投资者可以在有限范围内采用自助规则进行股票交易，并且不受内幕交易规则的约束，这项举措减轻了非上市企业的负担。

三、针对投资者

新修改的法案完善了投资者保护制度。众筹交易从业者应通过网络进行适当的信息披露，并负有对初创企业进行尽职调查的义务，以减少众筹中的欺诈现象，健全信用机制。

第 3 章

众筹生态圈

众筹行业的持续发展和业务范围的扩大，吸引了各类服务机构的入驻和相关配套设施的逐步完善。尤其是伴随"大众创业、万众创新"的号召，大量创新、创业服务机构涌现，与众筹模式相融合，众筹行业的生态圈在 2016 年初现雏形。

第一节　生态圈概况

如第 1 章所述，众筹领域丰富多样，有产品众筹、股权众筹、非标权益众筹、公益众筹等多个类别，本报告把与众筹发起人相关的服务称为资产服务，把与众筹平台运作相关的服务称为运营服务，把与众筹支持者相关的服务称为资金服务，从资产、运营、资金三个角度，可以把众筹生态圈的成员划分为以下类别，如表 3-1 所示。

表 3-1　众筹行业生态圈的主要成员类型

类型		成员
资产端	资产推荐	风投机构、孵化机构、创业园区、专业投资人
	创业培训	创业学院、孵化机构、融资辅导机构
	行政人事	代理注册机构、代缴社保机构、知识产权代理机构、招聘机构、财税服务机构、股权设计机构
	办公&营销	孵化机构、营销机构、视频制作机构、电商平台
	软硬件生产制造	设计公司、软件外包公司、硬件制造商
运营端	IT&安全技术	软硬件及网络解决方案提供商、信息与数据安全技术提供商
	资金管理与支付	第三方支付机构
	合同	合同起草及审核机构、在线合同签署机构
	认证服务	安全与商誉认证机构
资金端	机构投资人	风投机构、专业投资人
	流量服务	互联网广告服务机构、流量推广平台、媒体类网站
	评估服务	众筹企业评估机构、产品价值评估机构
公共服务	法律服务	法律研究机构、律师事务所、第三方证据托管平台
	行业&媒体服务	数据监测机构、行业研究机构、相关媒体及自媒体、投资人论坛及社区
	监管&自律	央行、证监会、各地金融局、证券行业协会、互联网金融协会、其他自律组织

资料来源：零壹研究院整理。

部分生态圈的成员在 2015 年之前已经出现，2015—2016 年则见证了更多类型、更多数量成员的加入。如表 3-1 所述，截至 2016 年底，除众筹平台自身，生态圈的参与机构类型达到 30 多种，数量达到数百家。

第二节　典型机构及业务

2.1　资产端

由于众筹平台大多服务于创业和创新，其主角为各类初创类机构，因此为其服务的机构类型和数量均为最多，以下为三类典型机构。

一、众创空间

2015 年 1 月 28 日，李克强总理主持召开国务院常务会议，确定支持发展"众创空间"的政策措施，为创业创新搭建新平台。此后，"众创空间"在国内各地如火如荼地建设起来。

众创空间是为小微创新企业成长和个人创新创业提供低成本、便利化、全要素的开放式综合服务平台[①]。十多年前，国外 Hackspace、TechShop、Fab Lab、Makerspace 等各种类似形式的众创空间就已经逐步形成，对科技创新产生了深刻的影响。此后，Maker 的概念被引入中国，形成"创客"概念，国内也产生了类似空间，如北京创客空间、上海新车间、深圳柴火空间、杭州洋葱胶囊等。

以腾讯开放平台的众创空间为例，其已经在华北、华东、华南、华中、西部 5 大区域的 18 个城市开放了 18 个众创空间，合计工位超过 1

---

① 新华网：总理点名支持的"众创空间"是什么？

万，提供办公场所、人才公寓、创投基金、创业补贴、优惠政策等服务。

众创空间入驻了大量的创业企业，经常会附带提供融资服务，众筹是其中一个融资方式。一些众筹机构（如 36 氪）本身也从事众创空间业务，可以便利地从中发掘项目输送至众筹平台，因此众创空间相当于众筹平台的一个资产提供（推荐）方。

二、创业学院

创业学院为创业者提供各种各样的培训，如专业知识、财务/法律/政策、团队建设等。在众筹兴起之前，这类机构已经存在。"双创"政策出台之后，一些大学也成立了创业学院，针对本校在校生、已毕业校友和外部人员进行创业培训。

大学的创业学院，以上海交通大学为例，成立于 2010 年 6 月，目标是实现创业意向同学、创业导师团和风险投资家等群体的有效聚集，推动更多有潜力的大学生成为未来企业家，让更多的大学生创业项目变成现实企业。学院开设了《创新与创业大讲堂》《创新思维与现代设计》《创业机会识别》《创业领导力》等课程，组织了"燧石星火创业训练营""大学生创业训练计划"等创新创业实践项目。

社会机构开办的创业学院，以京东众创学院为例，成立于 2015 年 4 月，由京东集团 CEO 刘强东担任校长，定位于促进大众创业，构建面向创业者的全生态服务平台。京东众创学院的课程（活动）包括众创·集中营、众创·公开课、众创·大师说等。其中众创·集中营居于课程体系的最顶端，属于中长期集训项目，通过系列的模块化课程输出实战经验，通过多样的课程形式、丰富的课程内容全方位助力创业者。

三、软硬件生产制造

创业公司一般具有某方面的专长（例如理解用户需求、营销等），但是综合实力不强，没有全流程的软硬件开发能力，就需要外部的设计公司、软件外包商和硬件代工厂的支持，这种情况在智能硬件领域尤其普遍。

以曾在众筹网上发布过的 inWatch Z 定制款智能手表为例[①]，其发布公司（映趣科技）自己设计部分产品，也会与第三方设计公司（如亿觅科技）合作，后者负责外观设计，前者负责技术。其合作公司的强项在于前端的工业设计，并尝试通过众包的形式来收集设计创意。专门为智能硬件公司提供设计的第三方公司还有很多，例如同样位于深圳的洛可可设计集团，为 Jawbone 设计过耳机和手环的美国智能硬件设计公司 Fuseproject 等。

智能硬件产品设计出来后，需要拿到生产商去打样，做出样板，同时进行软件的开发。很多公司将公司总部设立在深圳，大多数智能硬件公司都在深圳或者周边寻找元器件生产厂和组装厂。为了生产一块手表，要经过十多个厂家，最后再拿到代工厂进行组装。

inWatch 智能手表的上游芯片生产商主要包括 MTK、高通、北京君正。在元器件方面，inWatch 的声学器件供应商是 AAC，云知声和科大

[①] 资料来源：《智能硬件爆发年：生产代工问题多 80%靠线上销售》。

讯飞提供语音识别系统，摄像头主要供应商是宁波舜宇。最后的组装和测试环节则是与富士康合作。

2.2 运营端

运营端生态机构主要为众筹平台的合作方，众筹平台利用其提供服务建设 IT 系统、提供撮合服务、建立支付渠道，开展日常运营工作。

众筹系统开发商如帝隆科技、迪蒙科技、维熵科技等，其提供的众筹系统涵盖产品众筹、股权众筹、收益权众筹和公益众筹多个领域。部分众筹平台（如青橘众筹）也依靠自己的开发经验向外输出众筹系统搭建技术。

按照央行等十部委《关于促进互联网金融健康发展的指导意见》的要求："从业机构应当选择符合条件的银行业金融机构作为资金存管机构，对客户资金进行管理和监督，实现客户资金与从业机构自身资金分账管理。"但是由于多种因素的制约，几乎尚未有（股权）众筹机构在银行进行资金存管，其支付和存管合作方多为第三方支付机构，有的则直接通过银行打款。

合同签署是股权众筹平台的重要服务内容，除了向创业企业提供增资（或股权转让）合同的撰写、审核服务外，还需要为投融资双方提供在线合同签署服务，以提高合同签署效率。众筹平台多与时间戳、e 签宝等第三方电子签名平台合作，为众筹用户提供与电子签名、时间戳、存证出证、电子合同等合同签署相关的服务。

2.3　资金端

　　资金端服务包括获取众筹投资人、为众筹投资人提供估值服务等。在股权众筹和非标权益众筹领域，对资产标的的估值非常重要，而众筹平台由于自身身份原因，不宜直接开展此类业务，而多依赖投资人群体自我评估或由第三方机构提供相关的服务。

　　股权众筹领域，以成立于 2015 年 3 月的变革家为例，通过对股权众筹项目、天使投资项目的模式拆解，为普通投资者提供参考意见。变革家开设拆解学院，主要通过微信群分享两方面内容：项目分析方法论、国内外前沿项目拆解。此外，变革家还设有科方基金（Co-Founder Fund)，主要投资投向股权众筹平台项目和天使合投项目。

　　在非标权益众筹领域（如民居、汽车），也存在着一些第三方评估/估值服务需求，由于这类资产的估值已经比较成熟，所以多由传统的中介机构或评估机构承担。

2.4　公共服务

　　目前已经有不少律师事务所开展众筹行业投融资双方的法律服务，也存在一些为创业者提供综合法律服务的平台，例如快法务、小微律政等。

　　行业&媒体服务机构包括众筹家、众筹工坊等。本报告编写机构零壹研究院同样属于众筹行业&媒体服务机构，除了出版每年一度的《众筹服务行业发展报告》外，还以固定频率发布众筹月报、季报、半年报和年报，并提供众筹咨询、众筹数据方面的服务。

股权众筹的主要监管方为证监会，目前"公募"股权众筹试点迟迟未开展，《私募股权众筹融资管理办法（试行）（征求意见稿）》自 2014年 12 月开始征求意见后便没有了下文，股权众筹面临比较尴尬的境地，股权众筹平台多通过"合格投资人"制度、股东人数限制、不公开宣传项目等方式规避相关的法律风险。

非标权益众筹的法律关系比较复杂，目前监管部门尚未对其进行定性，但从业务实质上它更类似于私募投资，理论上同样应主要归证监会监管。随着非标权益众筹之风越刮越烈，预计非标权益众筹的相关管理或整治文件也会出台。

在行业自律方面，中国互联网金融协会是该领域最高级别的行业组织，是按照《关于促进互联网金融健康发展的指导意见》要求，由中国人民银行会同银监会、证监会、保监会等国家有关部委组织建立的国家级互联网金融行业自律组织。股权众筹和非标权益众筹均属于互联网金融的范畴。2016 年 7 月，中国互联网金融协会的一份学习把股权众筹融资放在了核心内容的位置，对其提出了更加明确的规定，强调投资者保护。其余的众筹自律组织则为各地方性互联网金融协会或众筹联盟等。

第三节　生态圈的发展趋势

3.1　生态圈成员的类型和数量将继续扩大

众筹围绕创新和创业机构及投资人服务，需要大量相关机构的参与，方能高质量、高效率地完成全部流程。由于目前众筹行业的整体规模尚小，也不是创新创业机构获得融资的主要途径，因此众筹生态圈参与机构的类型和数量还比较有限。随着众筹行业市场规模的不断扩大，会有越来越多的创新创业服务机构和一般性的企业服务机构参与进来。

3.2　宣传、营销、路演等服务机构的重要性凸显

众筹不仅仅是一个融资形式，更是宣传企业/产品的重要机会，具有重要的营销价值。在众筹过程中，如何凸显企业/产品的创新性、独特性和价值观念，是一个重要问题，并在一定程度上决定众筹的成败。围绕着众筹项目的营销，预计将有更多的文案/视频制作公司、路演服务公司、流量营销机构参与进来。

3.3　投资人培训机构/活动将更加活跃

由于"双创"政策的激励，创新创业企业大量出现，"资产"供应充足，但是质量良莠不齐，一方面普通投资人普遍难以判断项目的质量和方向，不敢贸然投资；另一方面，投资人数量依然偏少，导致股权众筹

的"资金"供应偏紧。要打开股权众筹市场，就必须打破资金端瓶颈，保持投融资双方的同步增长，这就需要加强投资人培训，把更多的普通投资人提升为合格的天使投资人、风险投资人，为投资人培训机构的发展创造了机会。

3.4 项目评估机构将快速发展壮大

投资人培训最重要的一项内容就是评估项目的质量和价值，剖析项目的前景与风险，这需要极其专业的知识，很难由投资人群体自发完成，因此项目评估机构的重要性会越来越高。这类机构为投资人提供评估服务，或组织投资人共同进行评估。为了"证明"自身的专业能力，这类机构多会设立基金，成为众筹项目资金供应的重要渠道。

3.5 监管机构和自律机构的角色增强

由于缺乏明确、针对性的监管，从某种程度上说，股权众筹和非标权益众筹处于灰色地带，难免会滋生乱象、累积风险。2016 年 4 月颁布执行的《互联网金融风险专项整治工作实施方案》即包含与股权众筹相关的内容，例如"股权众筹平台不得发布虚假标的，不得自筹，不得'明股实债'或变相乱集资，应强化对融资者、股权众筹平台的信息披露义务和股东权益保护要求，不得进行虚假陈述和误导性宣传"等。

随着第三方支付、P2P 网络借贷、互联网资管、互联网金融广告等领域规范化、常态化监管的深入，众筹也将面对越来越严格的规范化问题，监管力度会逐步增强。与此同时，行业自律组织也需要发挥更多的作用，创造一个相对有序、理性的行业环境。

3.6　生态圈的协同作用孕育

　　众筹平台连接各个服务机构，为创新创业的投融资双方服务，但是目前的连接还比较松散，主要用于走完流程，未形成共振。考虑到其中的服务机构也包含许多初创企业和小微企业或面临相似的创新问题、互联网转型问题，如何融合服务方、被服务方的共性和个性，实现融资者/投资者/服务者三种角色的转换、轮动和协调，从而形成生态闭环，让众筹生态圈具备内生的互助、互促能力，是整个行业都需要考虑的问题，对这个问题解决之道的探索，必然会导致生态圈协同作用的增强。

第 2 篇

传统众筹业态

第 4 章
Chapter 4

产 品 众 筹

第一节　产品众筹行业大事记

1.1　京东推出信用筹和无限筹

2015 年 10 月和 11 月，京东众筹分别推出信用筹和无限筹。前者将京东白条与京东众筹进行了结合，使用户可以通过京东白条支持京东平台上的众筹项目。后者则是对众筹周期进行了无限期的延长，用户可随时参与筹资，并有机会参与产品研发过程。

信用筹的打通有利于京东进一步开发互联网消费金融的应用场景，同时也可帮助投资用户减少资金成本，帮助筹资项目尽快落地。无限筹则有利于众筹项目获得持续性的资金来源。

1.2　开始众筹先后完成 A+轮和 B 轮融资

2016 年 2 月，开始众筹对外宣布已获得经纬创投、元璟资本的 A+轮融资，具体金额未透露。6 月，该平台再次获得 1 亿元 B 轮融资，领投方为昆仑万维。而在 2015 年 11 月，这家平台早已完成 3 350 万元 A轮融资。相较于其他众筹平台，开始众筹较早地将产品回报、消费者体验和股权、收益权结合起来，并因此获得投资者和资本市场的认可，成为业内黑马。据零壹研究院数据中心统计，开始众筹 2016 年筹资规模接近 8.17 亿元，在产品众筹中排到第三的位置。

1.3　点名时间被 91 金融收购

2016 年 7 月，点名时间确认被 91 金融收购，将以子板块形式纳入91 金融旗下的摘星众筹。作为我国首家众筹平台，点名时间曾是业内标杆，帮助过 1 074 个项目发起众筹，成功筹集资金超过 5 300 万元，然而在运营五周年之际被收购，不得不说是一个遗憾。不过从另外一个角度看，平台之间的兼并收购也是行业成熟化的特征之一。

点名时间曾在 2014 年 8 月宣布放弃坚守了三年的众筹业务，转型成为智能硬件首发平台，但接下来智能硬件市场的泡沫以及京东、淘宝等互联网巨头的强势入场使其日渐沉寂。一年后，点名时间重拾众筹，最终还是无力回天。

1.4　小米、乐视、网易相继入场

2015 年 7 月，小米在其旗下 APP "小米智能家庭" 上正式开展产品众筹业务。2016 年 1 月,乐视生态众筹也成为"乐视商场"的板块之一。同年 11 月,网易旗下文化类众筹平台"三拾众筹"上线。

三家知名互联网公司中,小米和乐视的众筹业务均是对其公司本身生态系统的完善。举例来说,前者融资企业主要来自小米生态圈下的企业,后者融资项目也多与乐视主营的视频、商场有所关联。"三拾众筹"在网易其他网站上无入口,专注于泛娱乐领域。

1.5 千万元级项目总数破百

据零壹研究院数据中心不完全统计,2016 年至少有 102 个项目最终筹资额超过千万元人民币,这些项目基本在筹资额较高的平台上发起众筹,且集中在家电、出行和科技等行业。2 个项目筹资额超过 5 000 万元,其中"消费级无人机 PowerEgg"筹资 1.01 亿元人民币,超过 6.5 万人参与支持了该项目。

第二节 产品众筹行业数据分析

2.1 平台数量

从 2011 年 7 月"点名时间"上线至 2016 年年末,产品众筹在中国已走过五个年头。从平台数量看,产品众筹在 2014 年之前基本处于蛰伏期,各季度新增平台均不超过 6 家。2014—2015 年正值互联网金融受热

捧，产品众筹进入发展"黄金期"，其间至少新增平台 163 家（指 2016
年年末仍在正常运营的平台）。从 2016 年开始，国务院牵头发起互联网
金融风险专项整治，多地工商局限制投资类企业的注册开立，产品众筹
新增平台同比明显下降，全年仅上线 8 家平台（见图 4-1）。

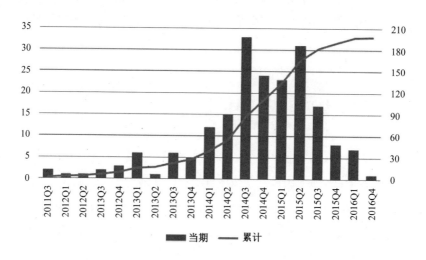

图 4-1　我国产品众筹平台数量走势（2011—2016 年）

截至 2016 年年末，全国至少有 74 家产品众筹平台仍在正常运营，
其中包括 26 家同时涉足多个众筹类型的平台。表 4-1 列出了我国主要产
品众筹平台的一些信息。

表 4-1　我国主要产品众筹平台及其基本信息

序号	平台名称	筹资模式	领域 （重点领域）	所在地 （注册地）	上线时间
1	点名时间	固定	综合	北京	2011 年 7 月
2	乐童音乐	固定/灵活	音乐	北京	2012 年 9 月
3	众筹网	固定	综合	北京	2013 年 2 月
4	淘宝众筹	固定	综合	浙江省杭州市	2014 年 3 月

续表

序号	平台名称	筹资模式	领域 （重点领域）	所在地 （注册地）	上线时间
5	开始众筹	固定	创意	浙江省杭州市	2014 年 6 月
6	摩点网	固定	综合	北京	2014 年 6 月
7	创客星球	灵活	综合	上海	2014 年 6 月
8	京东众筹	固定	综合	北京	2014 年 7 月
9	博智众筹	固定	综合	云南省昆明市	2014 年 8 月
10	柠檬微众筹	固定	综合	上海	2014 年 10 月
11	观众筹	固定	影视、音乐	北京	2014 年 12 月
12	苏宁众筹	固定	综合	江苏省南京市	2015 年 4 月
13	众筹中原	固定	综合	河南省郑州市	2015 年 6 月
14	小米众筹	固定	智能家庭	北京	2015 年 7 月
15	优酷众筹	固定	综合	北京	2015 年 9 月

资料来源：零壹研究院数据中心。

2.2 整体交易规模

据零壹研究院数据中心统计，2014 年之前我国产品众筹平台仅有 27 家，累计筹资额约为 0.12 亿元。此后随着平台数量的快速增多特别是京东等巨头的加入，产品众筹行业的交易规模也一路走高，2014 年全年成功筹款金额达到 2.7 亿元。2015 年，平台数量继续大幅增长的同时，京东众筹、淘宝众筹、开始众筹等老平台的规模大幅飙升，全年筹款金额攀升到 27 亿元，为上一年的 10 倍。

2016 年，在监管日趋收紧的环境下，平台数量开始减少，交易规模进入存量增长阶段，全年成功筹资额达到 56 亿元，同比增长 107%。截至 2016 年年末，我国产品众筹累计筹款金额达到 86 亿元，2017 年第一季度末很有可能突破百亿元。

图 4-2 所示为历年产品众筹筹资规模走势。

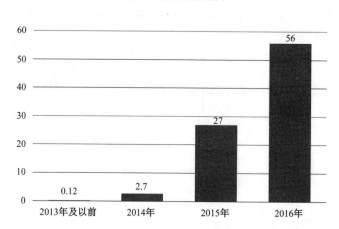

图 4-2　历年产品众筹筹资规模走势（单位：亿元）

2.3　2016 年各平台市场份额

图 4-3 所示为 2016 年成功筹款金额靠前的 15 家[①]平台，其筹资总额为 52.98 亿元，占行业整体的 94.9%。有 5 家平台筹资额在亿元级别以上，其中京东众筹以 21.8 亿元的规模独占鳌头，占到 39.2% 的市场份额。其次是淘宝众筹和开始众筹，二者分别为 15 亿元和 8.2 亿元，占到 26.7% 和 14.6% 的市场份额。苏宁众筹 2016 年成功筹款规模约为 5.85 亿元，已经落后于开始众筹，小米众筹则在 1.3 亿元左右。

上述平台，除开始众筹外都有电商巨头的背景，拥有显著的流量优势，众筹板块较多，产品类型丰富，还可以借助大数据等技术手段实现产品方和支持方（消费者）的精准匹配，已成为项目发起人产品预售的

[①] 轻松筹和追梦筹单月交易规模也在百万元以上，由于具体数据难以获取，所以未在图中显示。

首选，众筹平台交易规模和人气持续走高。开始众筹比较特殊，很多项目都设置了投资额度高达数千元到数万元的股权回报档，我们估计其对应的筹资总额占到80%以上[①]。

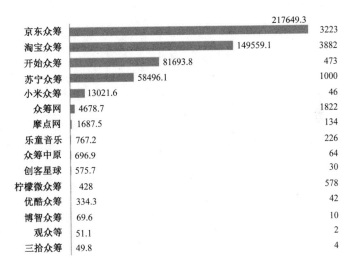

图4-3　2016年产品众筹金额及项目数量（前15家）（单位：万元；个）

其余平台除了众筹网和摩点网等超过千万元以外，均在几十万元到几百万元级别，但它们多在各自的产业链上下游仍有出色的表现，如乐童音乐（音乐）、创客星球（科技+创造+传媒）等。

2.4　不同类型项目的数量和金额分布

以表4-2中7 486个成功项目的数据作为样本[②]，我们分析了不同类

[①] 为了统计方便，本报告将这部分数据仍然计入产品众筹。

[②] 样本采自京东众筹、淘宝众筹和苏宁众筹2016年已成功筹资的项目，由于"一元抽奖档"的众筹对象均为有明确市价的大众消费品，所以将这部分项目排除在样本之外。

型项目的筹资情况。这些项目集中分布在科技、农林牧渔、设计、文娱和公益等领域，其中科技类在项目数量、筹资金额、融资完成度以及支持人次上均为最高。公益类和农林牧渔类单个项目融资金额最低，分别为 8.7 万元和 12.7 万元。

表 4-2　2016 年产品众筹类型分析样本总览

行业领域	项目数量	目标融资额/亿元	已筹金额/亿元	融资完成度	支持人次/万人次）
科技	2 119	4.9	24.2	496%	1 062
农林牧渔	1 687	0.9	2.1	244%	871
设计	1 260	1	3.8	395%	364
文娱	711	0.5	1.7	326%	65
公益	362	0.1	0.3	255%	66
健康	254	0.2	0.7	305%	65
家电	198	0.5	1.6	303%	42
其他	895	1.6	5.4	343%	245
合计	7 486	9.7	39.8	411%	2 780

资料来源：零壹研究院数据中心。

2.5　不同金额区间的项目个数和总额分布

以图 4-4 和图 4-5 为例，以上 7 486 个成功筹资项目筹资金额有着明显的层次分布。从项目数量看，6 633 个项目的筹资金额少于 100 万元，其中 3 335 个项目的筹资额不超过 10 万元。超过 1000 万元的项目仅 78 个，其中亿元级别项目仅 1 个。如果从筹资总额来看，100 万～500 万元的项目规模最大，总额达到 12.2 亿元。其次是 0.1 亿～0.5 亿元，其总额也超过 10 亿元。

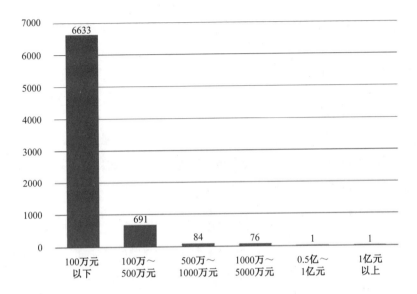

图 4-4 2016 年样本产品众筹项目筹资额分布（按数量）

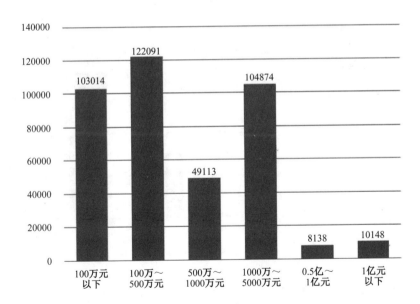

图 4-5 2016 年样本产品众筹项目筹资额分布（按金额）（单位：万元）

2.6 支持者的活跃情况

一、支持人数

2014 年及以前产品众筹累计支持人次约有 137 万，2015 年以来由于京东、淘宝和苏宁等电商系平台的上线，众筹项目数量和参与人数大幅增长。2015 年产品众筹人次飙升至 1 526 万，约为 2014 年的 12.2 倍，2016 年相应的数字则继续增长到 3 454 万。

与图 4-2 中的交易规模相比，2015 年开始支持人数的增长相对更快，单次支持金额也呈同步下降，到 2016 年已经达到 162 元。主要是因为淘宝众筹、京东众筹等拥有较大流量的平台在发布项目的同时也增加了一些金额小、聚人气的回报设置[①]，导致单个项目的参与人数可能高达数十万（见图 4-6）。

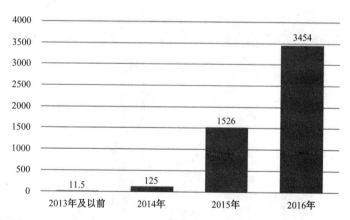

图 4-6 2013—2016 年产品众筹支持人次走势（单位：万人次）

[①] 举例来说，对于苏宁众筹和京东众筹上的某些项目，支付 1 元可以获得一次抽奖机会，奖品一般就是众筹产品本身，中奖率基本不超过百分之一。对于淘宝众筹，金额在 10 元以下可以获得相应的礼券或与众筹产品相关的小礼物作为回报。

图 4-7 展示了 2016 年各月产品众筹支持人次的走势。若考虑春节因素，自 4 月起支持人次开始出现快速增长，年中达到 450 万左右的高峰。8 月开始，以淘宝众筹为代表的平台减少了小额回报的设置，虽然筹资规模有所增长，但支持人次较稳定。

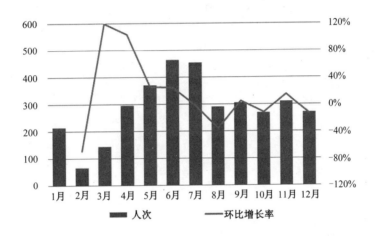

图 4-7　2016 年各月产品众筹支持人次走势（单位：万人次）

二、2016 年不同平台的支持者情况

如图 4-8 所示，淘宝众筹、京东众筹和苏宁众筹 2016 年支持人次分别达到 1 765.9 万、1 034.6 万和 414.1 万，三家合计占到整个行业 93.1% 的比重。若剔除"1 元支持类"的活动类数据，其实际支持人次会下降 35%～40%。

对 2016 年筹资人次排名前三的电商系产品众筹平台进行单独分析，除个别月份外，淘宝众筹月支持人次大幅超过京东和苏宁两家众筹平台，这跟平台定位有关，淘宝众筹主要为农产品众筹，筹资门槛低，且回报档位灵活，而后两家平台项目以科技、家电、出行类为主。值得注意的是，2016 年 8 月淘宝众筹支持人次环比出现"大滑坡"，主要是因为低额回报档位减少所致（见图 4-9）。

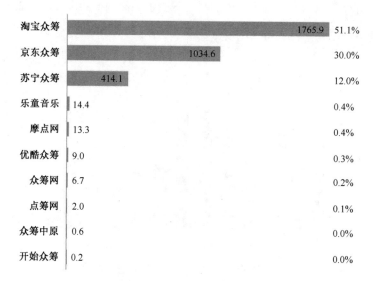

图 4-8　2016 年产品众筹支持人次及占比（前十）

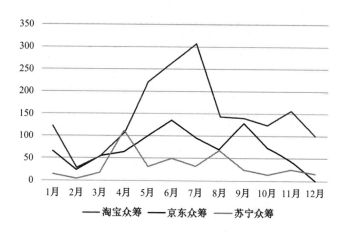

图 4-9　2016 年三家电商系产品众筹平台支持人次（单位：万人次）

2.7 融资成功率

一、项目成功率

零壹研究院统计的样本平台中，2016 年项目成功率多在 50%以上，考虑到大量平台未纳入样本统计，产品众筹行业整体项目成功率应在 30%～60%。具体来看，优酷众筹和开始众筹成功率分别是 100%和 91%，位居前两位；平安众筹、众筹中原、京东众筹和淘宝众筹超过 80%。其他平台项目成功率如图 4-10 所示。对比可知，在交易规模靠前的平台上发布众筹项目通常有不错的成功率，但成功率不与交易规模完全挂钩。举例来说，在规模较小的平台中，主打文娱众筹的优酷众筹拥有 100%的项目成功率，众筹中原和摩点网项目成功率也位居行业中上游。

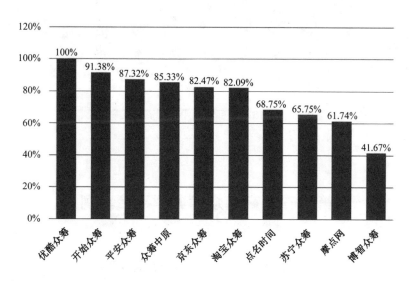

图 4-10　2016 年产品众筹平台项目成功率对比

二、融资完成率

开始众筹由于设置了股权类投资档位，其融资完成度高达 925%，远高于其后的苏宁众筹（561%）和淘宝众筹（556%）。在苏宁、淘宝、京东 3 家电商系众筹平台中，京东众筹的融资完成度较低，为 344%。综合来看，门户型的众筹平台交易规模更大，同时融资完成度也较高。摩点网、观众筹两家独立型平台在融资完成度上居前列。

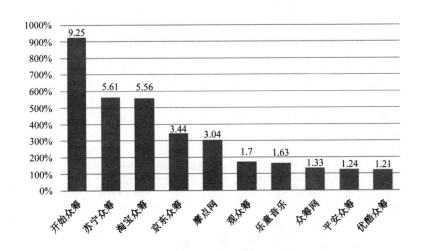

图 4-11　2016 年产品众筹平台融资完成率对比

第三节　产品众筹典型平台案例

2016 年，累计完成三轮融资的开始众筹在众多平台中成功突围，其市场份额已经超过苏宁众筹，位居行业第三。本节将该平台作为本章案例，从业务模式、项目数据、发展方向等方面来作简单分析，希望为读者提供一些参考。

3.1 平台简介

开始众筹上线于 2014 年 6 月,是一家互联网个性创意生产及众筹服务平台,倾向于实物及消费权益回报。该平台由徐建军、左志坚、桂斌三位媒体人发起,运营公司为杭州捕翼网络科技有限公司。

开始众筹于 2015 年 4 月获得盈动资本等天使投资,同年 11 月获得华映资本、引爆点资本等 A 轮投资,2016 年 2 月完成 A+轮融资。

2016 年 6 月 15 日,开始众筹完成 1 亿元 B 轮融资,领投方为昆仑万维、元璟资本、经纬中国、引爆点资本、盈动资本等四家老股东增持,道森资本、青骢资本参与跟投。

3.2 数据分析

截至 2016 年年末,开始众筹累计上线项目 608 个,成功筹资项目达到 553 个,约占项目总量的 91%。已失败(即项目到期未能筹满目标金额)的项目共有 39 个,项目筹资过程中被关闭或已冻结的项目共有 16 个(见图 4-12)。

图 4-13 展示了开始众筹历年筹资规模走势,2016 年第二季度(即 B 轮融资前后)筹资规模出现突破式增长,成功项目数量首次突破百个,达到 104 个。筹资金额首次破亿元,达到 1.7 亿元。第三季度更是有 177 个项目成功筹资,筹资金额达 2.4 亿元。第四季度由于年底增速略有放缓,当季筹资额约 3.5 亿元。截至 2016 年年末,开始众筹累计成功筹资

金额达到 8.1 亿元，2016 年占到 98%。

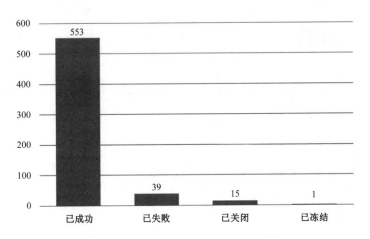

图 4-12　开始众筹项目数量分布（截至 2016 年年末）（单位：个）

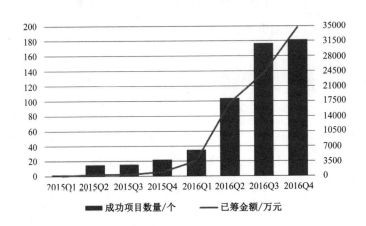

图 4-13　开始众筹筹资规模走势（单位：个）

按照开始众筹官方分类，平台筹资项目共有"民宿/空间""餐饮/商铺""农业/食材"及"其他"四类。民宿/空间类项目数量最多且筹资额最高，分别达到 185 个和 5 亿元。其次是餐饮/商铺类。农业/食材类项目虽多于餐饮/商铺，但筹资额大幅落后于后者（见图 4-14）。

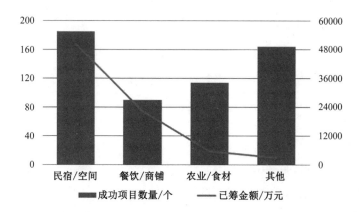

图 4-14　开始众筹各细分领域筹资规模分布

从项目发起地来看，开始众筹成功项目分布在全国 29 个省（含直辖市），此外还有 1 个项目来自希腊。根据零壹研究院数据中心统计，来自浙江的 186 个项目共筹资 3.1 亿元，上海和北京分别筹资 1.4 亿元和 1.1 亿元，江苏和云南分别有 7 206 万元和 5 458 万元（见图 4-15）。

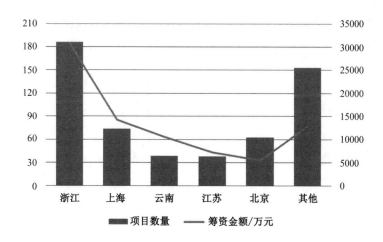

图 4-15　开始众筹成功项目地域分布

3.3 主要创新

相较于产品众筹领域大多数玩家，开始众筹的创新体现在两方面：一是在产品回报中综合了产品及消费权益回报；二是在项目选择上，侧重民宿新空间众筹。

具体来说，自 2015 年 10 月起，开始众筹即已开始在众筹回报中加设权益回报档案，投资人成功投资后，即成为项目共建人，可以获得项目股权、加盟资格、代理或代销资格等。从统计结果看，项目共建人筹资金额是目前开始众筹筹资规模的主要构成部分，占到 60%以上。在项目选择上，开始众筹是最早一批将眼光聚集在民宿领域上的平台，为浙江、云南等旅游大省的民宿项目提供了资金支持。

第四节　产品众筹行业的典型问题

4.1　没有准入门槛，运营机构泥沙俱下

产品众筹平台一直以来几乎没有门槛限制，无须特别资质，注册资本几十万元，建一个网站即可开业。极低的开业门槛滋生了诈骗的温床，虚构几个文案，放几张照片，设置几项回报方式，拿到筹资款项（没有资金存管，直接进入公司账号）后便逃之夭夭。一些平台初衷虽好，也可能因为经营不善、市场竞争等问题无法继续运营，在没有妥善处理未结束项目的情况下关门歇业，忽略投资人的利益。由于涉及资金、人数

较少，所以相关的事件得不到足够的关注，往往维权无路。

4.2 对项目参与方的义务、权利和责任没有明确的约束

众筹项目的参与方包括平台、发起人和支持者（消费者）。平台需要对项目做好初步把关和审核，也有权利在发现风险时及时终止或下线相关的项目，但一般而言其定位还是信息中介，不承担保本责任。

在实际操作过程中，平台与发起人、支持者都会签署相关的协议。举例来说，某平台众筹支持者协议中约定"由于项目运营问题、市场行情变化等情形，支持者可能无法得到项目承诺的回报或回报与承诺不一致，届时支持者需与发起人友好协商解决，发起人应尽最大可能处理纠纷"，即一旦出现纠纷，众筹平台在法律上可以置身事外，顶多提供一些协助。

从利益关联来讲，绝大多数众筹平台仅针对成功项目收取 2%～5%的佣金或服务费，把关严无疑会使上线的项目数量减少，也会增加额外的人工成本（包括前期审核：真实性、合理性、文案处理等；中期管理：宣传、推广、进程等和后期跟踪：执行情况，回报发送等）。

从法律责任来讲，国内产品众筹平台大多采用"预售"的形式进行筹资，这种情况下形成的商品购买/预售合同受《中华人民共和国消费者权益保护法》《中华人民共和国合同法》《中华人民共和国产品质量法》等法律法规的保护。若出现违约应按《中华人民共和国消费者权益保护法》第五十三条的规定，向出资者返还预付款及利息，以及按第五十五条的规定，对有欺诈行为的经营者处以罚金，罚金为产品单价的 3倍或 500 元取最大值。但实际上会面临一些问题，500 元的处罚力度太

小，违法成本太低。众筹项目往往涉及众多投资者，而《中华人民共和国消费者权益保护法》并未规定除消费者个人外的任何主体有权起诉，也不存在相关的司法解释。

4.3 项目信息披露和风险提示不足

众筹涉及资金往来，按金融行业通行的做法，应该在产品页面做好信息披露和风险提示，让支持者在投资之前尽可能有全面的认识，对自己的行为负责。但是目前，很多项目对发起方的介绍一笔带过，对产品的属性、制作过程缺少完整性的描述，夸大功能、掩盖瑕疵的情况司空见惯，对支持者造成较为严重的误导。至于产品是否能够如期交付，是否满足设计要求，项目失败如何处理等风险细节，鲜有平台进行醒目的提示。

2015 年 7 月，"魅族快充移动电源"在京东产品众筹上筹得 6 220.5 万元资金，但最后的回报产品与众筹描述不符：电源额定输入功率由 12V/1.5A 变成 12V/1A，充电时间从 3.5 小时延长到了 4 小时 50 分钟。虽然在产品制造过程中类似的问题往往不可避免，但发起方在项目页面没有给出风险提示。

随着行业的发展，产品众筹单个项目的筹资金额屡创新高，2016 年出现了 1 个亿元级项目，千万元以上的项目超过 100 个，单笔支持金额达到几千、几万元的情况也屡见不鲜。这些项目如果出现问题，无疑会造成较大的社会负面效应，也不利于众筹行业的良性发展。所以有必要在参与方的权责基础上，完善或强制做好信息披露，包括筹资前期、中期、后期的整个风险跟踪，都需要及时披露和沟通。众筹网站在首页以及项目页面的醒目位置，也应做好风险提示。

4.4 创新不足，预售+团购成为主要形式

从目前市场情况看，有创意又有落地能力的众筹项目严重缺乏。此外，由于消费者对产品制作失败的容忍度较低，为了规避风险，平台也更倾向于预售项目，需要有流量优势才可以发挥规模效应，真正的创意型众筹只能是小众市场。

正因为如此，京东、淘宝、苏宁等电商系平台占据了绝大部分市场份额，除开始众筹等少数案例外，独立型的平台则日渐没落。众筹网 2016 年筹资规模同比下降 70%以上，点名时间经历数次转型最终被收购，淘梦网、乐童音乐等专注于某细分领域的平台或转型、或淡化众筹属性，更多实力较弱的平台大量倒闭、停业或退出。

在目前的市场环境下，完全效仿国外 Kickstarter 等平台的模式较为困难，市场培育任重道远。电商系平台在流量和资源的助力下已然成为产品销售的重要渠道，将继续发挥虹吸效应，吸引更多优秀的项目或产品，进一步挤压其他平台的生存空间。对于独立型产品众筹平台而言，或许可以从这几个方向突破：在某个领域深耕细作，锁定特定的人群，如乐童音乐；围绕上下游产业链做好衍生服务，如淘梦网在筹资、制作、宣传、发行等链条上的运作；从移动端切入，低成本、轻量化、高频率，圈住用户后再和其他服务结合，如追梦筹及其相关平台的 hive 游学；走精品路线，配以灵活的回报方式，如物品+收益+股权，这方面的典型有开始众筹，但是对团队、运营等要求较高。

抛开平台实力因素的影响，众筹项目的包装和宣传也往往缺乏吸引

力。重点不够突出，文案设计千篇一律，视频和图片粗制滥造，这也从侧面说明项目发起人对产品页面设计的忽视。如果用心自然会尝试找专业设计者来帮忙。众筹并非简单的信息堆砌和回报发放，而是一系列复杂紧凑的项目运作。

众筹平台有必要提醒、协助项目发起人做好页面设计，可以考虑和专业设计公司合作，提供流程化的定制服务，在项目传播方面也尽可能多地利用自身和合作方的资源给予支持。若项目成功，合作方可以抽取一定的佣金，实现三赢。

第 5 章
Chapter 5

股 权 众 筹

第一节　股权众筹行业大事记

1.1　国内首家股权众筹行业自律组织成立

2015 年 7 月，由中关村管委会牵头搭台，天使汇、京东众筹、InnoTREE、牛投众筹、众筹网、中关村股权交易服务集团、大河创投等 80 家股权众筹及相关的机构联合发起的中关村股权众筹联盟正式成立，这是国内第一家股权众筹行业自律组织。联盟将探索建立行业自律的技术标准，推动合格投资人、项目备案与登记确权、信息公开、操作流程、标准法律文件等制度和规范的建立，进而规范行业发展，规避行业的系统性风险。

1.2 《大圣归来》成功上映，众筹投资翻了近四倍

2015 年 7 月，动画电影《大圣归来》在全国各大影院上映，该片最终斩获 9.56 亿元票房。该片 2014 年底曾在微信朋友圈发起资金众筹，最终由 89 位投资人为此片投入了 780 万元，最终回收本息约 3 000 万元，回报率高达 285%。与此同时，《大圣归来》周边衍生品在淘宝众筹和京东众筹平台上也异常火爆，众筹总额超过 4 000 万元。

1.3 股权众筹第一案尘埃落定，众筹平台胜诉

2015 上半年，众筹平台"人人投"将平台融资方诺米多公司诉至法院，9 月一审判决"人人投"胜诉，12 月二审维持原判。审理认为，案件中的投资人均为平台实名认证的会员，且人数未超过上限 200 人，不属于"公开发行证券"；"人人投"对诺米多融资信息的真实性负有审查义务，以此降低投资人的风险，在诺米多提供的相关证件仍难以完全排除可能存在的交易风险的情况下。"人人投"认为诺米多公司存在信息披露不实具有相应的事实依据。目前，专门针对私募股权众筹的法律法规尚未出台，短期内也难有实质性进展，这个案件对众筹立法和类似民事案件的审理具有重要的参考意义。

1.4 蚂蚁金服战略入股 36 氪，布局私募股权投资

2015 年 10 月，蚂蚁金服宣布以"战略投资"方式领投 36 氪，"向 36 氪全面开放在线支付、私募股权融资、技术、云计算等多个领域模块"。蚂蚁金服投资后，36 氪可借助蚂蚁金服的互联网金融的优势，为创业者

打造更加完善的创业服务生态。

1.5　国务院、证监会发文规范股权众筹发展

2016 年 4 月，国务院组织 14 个部委召开电视会议，在全国范围内启动为期一年的专项整治活动，对股权众筹提出"不得发布虚假标的""不得自筹"不得"明股实债"或"变相乱集资"等要求。7 月，私募基金募集新规和合同指引正式开始实施，或将对某些通过私募基金渠道开展的股权众筹带来重大影响。10 月，证监会等 15 个部委印发《股权众筹风险专项整治工作实施方案》，确定禁止事项和整治重点。

1.6　奇虎、苏宁、百度、小米等互联网巨头相继入场

2015 年 3 月底，"京东东家"正式上线，标志着互联网巨头开始试水股权众筹。10 月，蚂蚁金服战略投资 36 氪（旗下股权众筹平台于 6 月上线），并于同年年底开始试运营自家平台"蚂蚁达客"。进入 2016 年，更多互联网巨头或科技公司加码股权众筹：奇虎 360 在 1 月推出"360淘金"，4 月苏宁"私募股权"板块、"百度百众"和"和讯众投"相继上线，小米科技也在 9 月推出旗下私募股权众筹平台"米筹金服"。

1.7　"宏力能源"项目涉嫌欺诈，股权众筹风险事件频发

2016 年 6 月，媒体曝出 36 氪股权众筹发布的"宏力能源"新三板定增项目存在经营数据造假等问题。或受此次事件影响，36 氪股权众筹下半年在线发布的项目数量急剧减少，成功募集项目仅两个。众筹界和原始会也在同期曝出风险问题，包括未能按期还款、众筹回报与约定不符等情况。此外，零壹研究院还观察到，京东东家、蚂蚁达客等多家平

台在资产开发上更加审慎，2016 年下半年项目数量明显减少，汇梦公社等甚至放弃股权众筹业务，转型为产品众筹平台。

1.8 证监会创新部正式解散，股权众筹监管或将继续拖延

2016 年 8 月，成立仅两年多的证监会创新部正式解散，其原有监管工作可能会被分散到证监会其他部门。创新部是在 2014 年 2 月证监会机构大调整时与债券部、私募部和打非局一起新设的，目的是为了适应新的金融监管形势，解决监管真空等问题。2015 年 8 月，互联网众筹被正式划到证监会的监管范围，归创新部监管，公募股权众筹试点工作一直未有明显进展，与股权众筹相关的监管办法和制度或将继续拖延。

第二节　股权众筹行业数据分析

2.1 平台数量

从 2014 年开始，在互联网金融概念的火热以及政策面利好的背景下，股权众筹平台开始大量增加，在 2015 年第二季度达到巅峰，当季新增平台 56 家。2015 年年底，随着互联网专项整治的展开，股权众筹被纳入重点对象，新入场的玩家开始急剧减少，直至 2016 年第四季度出现零增长的情况。不过，奇虎 360、苏宁、百度、和讯和小米等互联网巨头或科技公司仍在加码股权众筹，自 2016 年 3 月开始相继推出了旗下平台（见图 5-1）。

据零壹研究院数据中心统计，截至 2016 年年末，国内累计上线股权

众筹平台 260 家，其中仍在正常运营的平台有 157 家，占到 60.4%。

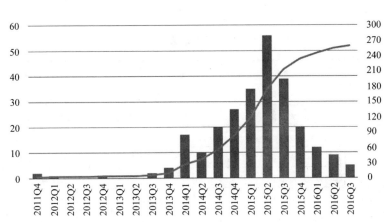

图 5-1　股权众筹平台数量的变动趋势

正常运营的 157 家平台分布于 18 个省市（包括自治区、直辖市，下同），其中广东、北京、上海和浙江分别有 47、38、24 和 11 家，合计 120 家，占到 76.4%的比重。具体如图 5-2 所示。

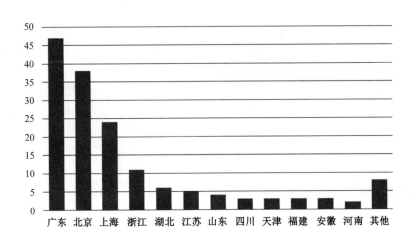

图 5-2　股权众筹平台的地域分布（截至 2016 年年末，正常运营）

表 5-1 所示为我国主要的股权众筹平台及其基本信息。

表 5-1　我国主要的股权众筹平台及其基本信息

序号	平台名称	所在地（注册地址）#	上线时间
1.	天使汇	北京#	2011 年 11 月
2.	大家投	广东省深圳市#	2012 年 12 月
3.	众投天地	北京#	2013 年 7 月
4.	原始会	北京#	2013 年 12 月
5.	爱创业	上海#	2013 年 12 月
6.	点筹网	广东省深圳市#	2014 年 1 月
7.	人人投	北京#	2014 年 2 月
8.	多彩投	北京#	2014 年 11 月
9.	牛投网	北京#	2015 年 2 月
10.	融 e 邦	广东省深圳市#	2015 年 2 月
11.	众筹客	北京#	2015 年 3 月
12.	京东东家	北京#	2015 年 3 月
13.	爱就投	上海#	2015 年 5 月
14.	京北众筹	北京#	2015 年 6 月
15.	36 氪股权众筹	北京#	2015 年 6 月
16.	长众所	湖北省武汉市#	2015 年 8 月
17.	粤科创投界	广东省广州市#	2015 年 10 月
18.	蚂蚁达客	上海#	2015 年 11 月
19.	360 淘金	北京#	2016 年 1 月
20.	米筹金服	上海#	2016 年 9 月

资料来源：零壹研究院数据中心。

2.2　整体交易规模

2011—2013 年，我国互联网股权众筹整体规模较小，每年均在 1

亿元以下。自 2014 年开始，股权众筹平台大量增加，当年筹资规模飙升至 15 亿元。2015 年，随着京东东家、爱就投、36 氪股权众筹等平台相继上线并发布大量的项目，股权众筹交易规模达到 53.2 亿元，环比增长 255%。

2016 年股权众筹年度交易规模约为 65.5 亿元，较 2015 年增加了 12.3 亿元（23.1%），增速明显放缓。究其原因，一方面是行业监管环境日趋严峻，正常运营的股权众筹平台持续减少；另一方面，随着前期的众筹项目陆续进入退出期，相关的风险也开始集中暴露，存量平台资产开发的力度有所放缓，尤其是下半年京东东家、36 氪股权众筹、蚂蚁达客、人人投等平台发布的项目数量均明显减少（见图 5-3）。

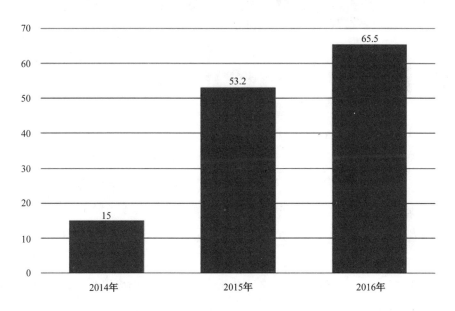

图 5-3　2014—2016 年股权众筹筹资金额走势（单位：亿元）

　　图 5-4 是 2016 年各个季度股权众筹的整体筹资规模数据。很明显，自下半年开始，交易规模出现加速下降的趋势。

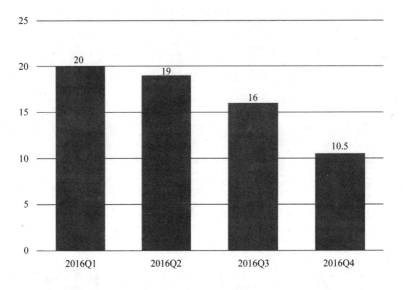

图 5-4　2016 年股权众筹季度筹资额走势（单位：亿元）

2.3　2016年各平台市场份额

　　图 5-5 展示了 2016 年筹资规模靠前的 15 家平台，其筹资总额达到 32 亿元，约占行业整体的 48.9%，这个比例较 2015 年有所降低。具体来看，京东东家"一骑绝尘"，达到 5.3 亿元，这个数据与其后的 36 氪股权众筹相比高出 97%。36 氪股权众筹、长众所和人人投等 5 个平台筹资额在两三亿元，爱就投、点筹网、牛投网和众投天地等 9 家平台 2016 年度筹资额则在一两亿元。

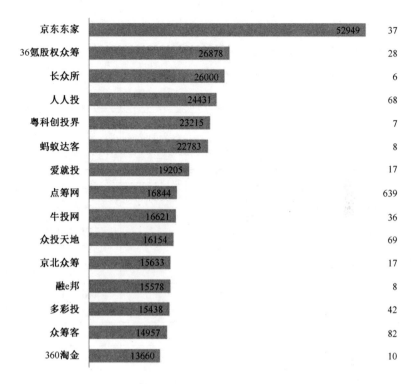

图 5-5　2016 年股权众筹筹资规模 TOP15（单位：万元）

2.4　2016 年度项目排行榜

　　根据已有的数据，零壹研究院数据中心整理了 2016 年实际筹资金额靠前的 50 个股权众筹项目，筹资金额最低为 2 263 万元，最高达 9 300 万元。来自文娱、农业、环保、能源等细分行业的项目均在 2 个及以上，实体餐饮、健身馆、酒店、生鲜连锁的项目均只有 1 个。从项目来源来看，京东众筹、长众所和蚂蚁达客最多，分别有 7 家、6 家和 6 家。

　　表 5-2 所示为 2016 年股权众筹项目 TOP 50。

表 5-2 2016 年股权众筹项目 TOP 50

（仅包括已成功完成筹资的项目，按实际筹款额降序排列）

序号	来源	项目标题	领域分布	目标金额/万元	已筹金额/万元
1.	粤科创投界	棕榈旅游信息化服务平台	互联网	9300	9300
2.	京东东家	凹凸租车	汽车租赁	2500	8880
3.	京东东家	启赋资本"互联网+"基金	投资基金	7600	8137
4.	长众所	J 公司影视文化投资项目	文娱	6000	8000
5.	爱就投	有人领投 5 000 万你跟不跟?	文娱	7000	7100
6.	米筹金服	花花草草	农业	7000	7000
7.	投壶网	大丰收	农业	6000	6000
8.	36氪股权众筹	海河金融	金融	5200	5296
9.	融 e 邦	福星林业新三板挂牌前定增	农业	5250	5250
10.	众投邦	文投国富二号新三板领投基金	文娱	5000	5150
11.	长众所	Clean 公司投资项目	环保	5000	5000
12.	融 e 邦	电池业龙头-南孚电池借壳亚锦科技挂牌新三板	能源	5000	5000
13	粤科创投界	广东海纳农业项目	农业	4800	4800
14.	京北众筹	山东海钰生物股份有限公司	医药保健	3000	4660
15.	蚂蚁达客	厨合餐饮	餐饮	4600	4646
16.	京东东家	二马科技	环保家居	2500	4158
17.	长众所	HOT 公司投资项目	健身	4000	4000
18.	蚂蚁达客	妙生活	生鲜连锁	3505	3926
19.	牛投网	泡泡科技	成人用品	3700	3800
20.	人人合伙	君悦海棠淮扬菜（淮扬菜陪您慢慢变老）	实体餐饮	3800	3800

续表

序号	来源	项目标题	领域分布	目标金额/万元	已筹金额/万元
21.	宜天使	环球悦时空	IP 产业	3600	3600
22.	京东东家	大朴家居	家居生活	2200	3497
23.	京东东家	占空比	能源	1100	3382
24.	投壶网	蒲公英	医疗保健	3025	3340
25.	蚂蚁达客	零碳科技	环保	2000	3240
26.	众投邦	TY 公司——中国航空产业的富士康	航天航空	3000	3002
27.	长众所	X 文娱公司股权投资项目	文娱	3000	3000
28.	长众所	多语言信息处理解决方案提供商股权投资项目	语言	2000	3000
29.	长众所	QM 公司跨境电商项目	跨境电商	3000	3000
30.	融 e 邦	深圳至纯珠宝拟挂牌三板 3 000 万定增	珠宝	3000	3000
31.	粤科创投界	要出发周边游	互联网旅游	3000	3000
32.	蚂蚁达客	减约	美容健康	2000	2960
33.	蚂蚁达客	人人湘	餐饮	2700	2808
34.	人人投	佰家汤泉休闲会所	休闲娱乐	2800	2800
35.	粤科创投界	智美达科技	智能家居	2700	2700
36.	京东东家	婚派	生活服务	1600	2688
37.	36 氪股权众筹	e 保养	汽车保养	3000	2645
38.	人人投	丁豪全季综合体	实体店	2590	2590
39.	众投邦	佳邦新材料——苹果产业链核心供应商	新材料	2500	2580
40.	360 淘金	艾企锐文化	文娱	600	2577
41.	京北众筹	赚赚金融	互联网金融	500	2576
42.	众投邦	久银投资新三板领投基金	新三板基金	2500	2550
43.	京东东家	自由飞越	互联网旅游	2500	2514

序号	来源	项目标题	领域分布	目标金额/万元	已筹金额/万元
44.	云投汇	云投汇精品2号太阳能电池浆料	能源	2500	2500
45.	中证众创	中斯水灵[S50780]	环保	1,500	2500
46.	众投邦	辛巴达旅行	互联网旅游	2400	2455
47.	智金汇	国盛医学	现代医疗	1000	2390
48.	蚂蚁达客	芥末金融	互联网金融	1300	2314
49.	多彩投	呆住-呆禅文化主题酒店品牌	酒店	1500	2310
50.	36氪股权众筹	易途8	互联网旅游	1900	2263

资料来源：零壹研究院数据中心。

第三节　股权众筹典型平台案例

360淘金是2016年首家上线运营的股权众筹平台，同时也是具有大型互联网企业背景的平台之一。与蚂蚁达客、36氪股权众筹、京东东家等平台相比，360淘金的主要特点在于项目筛选、尽职调查、投后管理等环节不依赖于第三方合作机构，而是独立展开。该平台还推出了"远期定价"这种"先融资后定价"的筹资模式。本节我们选择该平台作为代表案例，为读者呈现该平台的业务布局、项目数据、众筹流程及主要创新等信息。

3.1　平台简介

360 淘金所属公司为北京淘才信息技术有限公司，是 360 金融的业务线之一。该平台上线于 2016 年 1 月，其业务包括互联网非公开股权投融资以及娱乐消费收益权众筹。股权类众筹项目涵盖文娱、金融、企业服务等多个领域，消费众筹目前仅限于"造星"这类娱乐产业。

表 5-3 所示为截至 2016 年年底该平台互联网非公开股权众筹的融资情况，平台累计成功撮合 10 个股权类众筹项目筹资，筹资总额 1.366 亿元。

表 5-3　360 淘金筹资项目一览（截至 2016 年年末）

序号	众筹项目	所属行业	项目状态	目标金额/万元	已筹金额/万元
1.	艾企锐文化	文娱	已转股	600~1 200	2 577
2.	唱吧麦颂慈云寺店	文娱	募集成功	365	718
3.	轻+	健康	已转股	800~1 400	1 739
4.	Palantir	企业服务	募集成功	10.9	449
5.	机械管家	工程机械	募集成功	400~500	1 064
6.	淘当铺	互联网金融	已转股	900~1 500	1 879
7.	第一车贷	汽车金融	已转股	800~3 000	1 002
8.	焦耳	餐饮	募集成功	600~1 500	849
9.	唱吧麦颂长楹店、梨园店	文娱	募集成功	905	1 986
10.	拍医拍	医疗	募集成功	600~1 000	1 397
合计					13 660

资料来源：零壹研究院数据中心。

"娱乐消费"是 360 淘金继私募股权之后推出的第二个板块，"全民经纪人"计划是该板块首个项目，该计划是 360 淘金联合花椒直播、360 娱乐、360 游戏推出的网红共享经济（众筹）项目。截至 2016 年 3 月末，"娱乐消费"板块"全民经纪人"计划累计发布了 12 个网红艺人的募资项目，筹资总额约 260 万元，单个网红艺人的资金支持人数多在 10～30 人之间。

3.2　众筹流程

360 淘金在众筹业务中同时承担项目筛选、风险控制、项目上线和投后管理等责任，其流程如下。

（1）遴选众筹前融资轮次在 Pre-A 轮或 A 轮的项目，风险控制团队对融资方进行项目尽职调查。

（2）尽职调查通过后进入线上筹资阶段，此阶段需要完成众筹文化宣传等材料的制作。

（3）项目正式上线向特定投资人筹资，筹资目标完成后，即签订正式投资协议，筹集资金直接进入融资方账户，由 360 淘金负责投后管理。

（4）在一定的期限内，若融资方完成下一轮融资，则众筹资金按照新估值的一定折扣转换成股份。如未能在规定的时间内完成，则资金按照上一轮估值或约定估值折算成股权，也可能以一定的约定价格回购投资额度。

（5）项目成功退出后，投后管理人（360 淘金）向投资人收取投资收益的 20% 作为投后服务佣金。同时投资人需要同意一致行动原则，共同退出，不能根据个人意愿随时退出。退出方式包含但不局限于上市、管理层回购、兼并收购、股权转让等方式。

3.3 风险控制模式

360 淘金的风险控制由平台自有团队承担，平台选择融资轮次在
Pre-A 轮或 A 轮的创业公司，对公司进行详细的尽职调查，审核通过后
正式上线。

在投资人资格审查上，平台在对用户进行实名认证时要求用户在线
填写问卷调查，投资人输入真实身份和姓名后，满足年收入超过 30 万元、
所持金融资产多于 100 万元、为专业投资人三个条件之一即可成为合格
的认证投资人。在此过程中，完全没有人工环节如电话访问等，也未要
求投资人在线提供收入证明、资产情况等信息。

3.4 主要创新

在互联网非公司股权众筹业务中，360 淘金首创了"远期定价"的
模式，与其他众筹平台"领投+跟投"皆不相同。在"远期定价"模式中，
创业公司与投资人签订投融资协议后，一旦创业公司在规定的时间内拿
到新一轮股权融资，众筹资金就按照新估值的一定折扣转换成股份。如
未能在规定的时间内完成，则资金按照上一轮估值或约定估值折算成股
权，也可能以一定的约定价格回购投资额度。截至 2017 年 3 月底，已有
4 个项目转股成功。

远期定价的优势主要包括两方面：一方面，项目完成筹资目标并签
订投融资协议后，众筹资金直接汇入创业公司，减少了双方在项目估值
环节的时间成本，同时资金到账的速度也较快；另一方面，远期定价在
一定的程度上避免了内幕交易，实现了定价公开化。

尽管远期定价模式有独到的优势，但仍然具有缺陷。举例来说，由于风险控制需要，360 淘金发布的众筹项目融资阶段皆在 Pre-A 轮或 A 轮，而行业内股权众筹项目融资阶段普遍为天使轮，因此该平台股权项目定价较高。另外，平台能否在一定的期限内获得下一轮融资对众筹结果影响巨大，这就要求众筹平台对项目的成长性（能否进行下一轮融资，融资速度）进行较为精准的判断。该模式要求众筹投资人"同进同退"，可能损失部分投资人的权益（见图 5-6）。

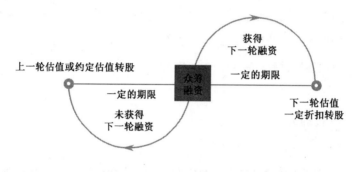

图 5-6　360 淘金远期定价模式

图片来源：360 淘金。

第四节　股权众筹行业的典型问题

4.1　法律及政策风险

股权众筹一般采用有限合伙形式，受《中华人民共和国公司法》《中华人民共和国证券法》等法律法规约束，不得向不特定对象宣传推介，合格投资者累计不得超过 200 人，合格投资人应符合《私募投资基金监督管理暂行办法》的规定。目前，很多股权众筹平台未对投资人的资质做到尽责审核。中国政法大学互联网金融法律研究院院长李爱君也曾表达类似的观点："互联网私募股权投资基金作为私募股权投资基金的形式之一，其存在的法律问题主要是公开性问题。即采用互联网形式进行募集的形式是否满足法律对私募股权投资基金所要求的'非公开性'"。

互联网众筹在国内尚处于发展初期，鱼龙混杂，风险频发，面临的政策不确定性较大。2016 年 4 月，国务院组织 14 个部委启动互联网金融专项整治，股权众筹成为重点领域，多地工商局相继限制股权众筹这类投资类企业的注册。8 月，原先负责股权众筹监管的证监会创新部正式解散，相关的监管办法和制度将继续拖延。10 月，证监会等 15 个部门联合公布《股权众筹风险专项整治工作实施方案》，行业环境日趋严峻。

尽管 2015 年我国以部门规章的形式将"股权众筹"定义为互联网平台上的公开小额股权融资，理清了定义混乱，但仍然没有作出具体的规范。《中华人民共和国证券法》的修订工作由于牵扯面甚广，直到 2017 年 3 月才有较为明确的时间表，在内容上也明确增加了公募股权众筹的豁免条款。这个顶层设计可能在今明两年尘埃落定，与股权众筹相关的法律法规很可能在这之后陆续出台，对行业诸多平台的发展无疑是把一双刃剑。

4.2　平台或项目方的道德风险

众筹平台作为项目方和投资人的信息中介，如果其有意隐藏、扭曲甚至操纵信息，投资者将很难辨别。受利益驱使，不排除平台与领投人合谋，误导跟投人，或者挪用资金另做他用，这些都会给投资人造成资金损失。而这种情况一旦被发现，也会对平台自身的信誉造成恶劣影响。

众筹行业还未实行严格的资金存管，有的平台采用第三方支付存管，有的则直接经过平台账号进行拨付，完全靠着自己的信用和自律经营着庞大的资金量，蕴藏极高的道德风险。

为了规避股东人数限制或方便管理，一些众筹项目存在股权代持情况，显名股东接受隐名股东委托代为行使股东权利，前者容易在各种诱惑面前侵害后者利益。此外，股权众筹还未形成成熟的监管机制，小股东的权益难以得到有效保护。

4.3 运营及操作风险

对于平台而言，其高管的资质和能力，对项目的尽职调查以及投后管理的水平，直接决定了其是否能获取投资者的信赖。互联网众筹的投资人一般是个人投资者，缺少经验和能力判断项目的投资价值。作为项目的主要寻找和推介人，平台在投前阶段的疏忽容易给自己和投资者造成极大的风险，而投后管理包括后续拨款、协议签订、工商登记、信息披露、协调沟通、利润分红、到期退出等，与投资人的利益息息相关，但相对繁杂，如何及时有效地做好这些事项也是不可忽视的问题。

4.4 其他风险

一、项目经营风险

受到创业者或项目发起人技能、经验、判断力和执行力等方面的限制，项目的管理和运作可能并不理想，甚至令投资人损失本金。由于宏观环境、市场竞争、行业发展周期等原因，项目面临较高的失败风险。事实上，大多数行业的创业项目在头两年内失败的概率高达 80%以上。

二、资金闲置风险

由于准备不充分、产品进展缓慢、相关的证件迟迟办不下来等问题，导致投资到产品交付或者项目正式运营存在一定的时间差，可长达数月甚至一年之久。股东矛盾：众筹项目股东较多，且普遍存在代持情况，容易造成决策时间过长、互相推诿责任等问题，带来额外的管理成本。

三、项目退出风险

一般公司的股权流动性较差，投资人退出渠道有限，持有周期较长，可能导致利益受损。

第 6 章
Chapter 6

公 益 众 筹

本章讨论的公益众筹为互联网公益众筹，指公益机构或个人通过互联网众筹平台发起的公益筹款项目，本质上是一种捐赠众筹，对支持者来说没有回报或只有精神性、象征性的回报。

公益众筹具有网络捐赠的基本属性，但又并非一般的网络捐赠，其特殊表现如下：公益众筹平台对发起人的资质通常没有硬性要求，可以是个人、慈善基金、企业，等等；公益众筹较适合融资额 100 万元以下的小额筹资项目；公益众筹涵盖的范围较窄，以疾病救助、社会救助和环境保护为主。

第一节　概　述

我国首家专业公益众筹平台于 2013 年 7 月正式上线，这个名为"创意鼓"的网站已经关闭。截至 2016 年年末，仍在正常运营的垂直型公益众筹平台仅有 9 家,其中规模和影响力最大的是腾讯乐捐。

公益项目也是绝大多数综合型众筹平台的标配,淘宝众筹、京东众筹和众筹网等都设有专门的公益板块,且对公益项目减免服务费,主要是为了品牌传播和提升自身影响力。

国内的公益众筹主要集中在疾病救助、社会救助和环境保护等方面,涉及疾病救助的众筹平台最多,由于事由紧急通常会对项目设置固定的筹资期限。社会求助和环境保护类相对灵活,用户可随时对项目进行资金支持。

据零壹研究院数据中心统计,截至 2016 年年末,国内垂直型公益众筹筹资规模保守估计在 18 亿元以上,2015 年和 2016 年均在 5 亿元左右。综合型众筹平台上已完成的公益项目总规模在 0.8 亿~1 亿元。

第二节　公益众筹行业的典型问题

2.1　公益众筹的法律风险

公益众筹涉及向大众募集资金,且发起人通常不具有公开募捐资格,在监管中尚无法可依。存在的法律风险主要包括《中华人民共和国刑法》中关于集资诈骗、非法集资的相关条例,主要情形有项目发起人或众筹平台虚构资料、挪用资金等;平台对项目把关不严,风险提示责任未尽到的风险,现行《中华人民共和国慈善法》对个人发起网络公益众筹的行为进行了规定，但要求众筹平台应该履行审慎审核、风险提示的责任。

现行法律框架对互联网公益尚无明确规定，尤其在"个人通过网络发起捐赠"方面存在监管空白，要规划发展互联网公益众筹，相关的法律法规亟待完善。

2.2　项目发起人的道德风险

尽管公益众筹具有一定的正外部效应，解决了项目发起人的部分问题，如重病筹款等，但由于监管缺位、筹资额小、权责不明等原因，道德因素引发的风险事件频频发生。

若平台审核不严，可能存在项目发起人伪造资料"骗捐"的情形，即使资料真实，发起人将资金挪做他用、金额超出实际所需也违背项目支持人的捐赠初衷。而从众筹平台的角度看，道德风险也难以杜绝，比如运营团队私下向发起人索要利益，为其提供更好的网上展示位置影响其他项目筹资，等等。

规避发起人道德风险的根本途径在于众筹机制的设计，加强项目审核、监管资金使用用途，等等，但同时也不可忽视公益众筹效率。众筹平台的道德风险更有赖于政府及社会监督，这方面有待推进。

2.3　平台面临商业伦理问题

随着众筹行业的发展，部分公益众筹平台开始商业化。举例来说，轻松筹对纯公益筹款项目收取 1% 的服务费和 1% 的微信支付通道费。不过，由于"公益即免费"的概念深入人心，轻松筹对需要救助的发起人收取筹资费用引发了一个新的问题：此举是否有违商业道德？事实上，公益与商业并非互相割裂，两者之间的差异不在于是否收费，而在于资金使用目的，因此两者的结合并无不妥。

作为一种新型商业模式，商业公益众筹在 2016 年上半年被腾讯、IDG 资本看好，并有部分平台开始大力布局"大病众筹"。其主要原因有两方面，一是盈利空间较大，据零壹研究估算，商业公益产生的总营收（包括服务费和资金沉淀利息）应为筹资规模的 2%左右，按月均筹款 1 亿元计算，扣除固定营运成本年均净利应该在 1500 万元左右。随着平台品牌度的提高和用户量的增加，商业公益众筹平台的盈利区间还将进一步扩大。另一方面，公益众筹能够较好地将业务延伸到医疗服务、互联网保险等领域，目前已有商业公益平台将触角伸向了"互助保险"。

第三节　典　型　案　例

3.1　腾讯乐捐

乐捐是腾讯公益推出的公益项目自助平台，于 2012 年 5 月上线，截至 2016 年年末，共发起 20 830 个项目，其中 18 601[1]个项目已结束筹资，共筹得资金 15.4 亿元（如图 6-1 所示）。

---

[1] 不包含不设结束时间的长期筹资项目，故图 6-1 中各年的筹款金额较实际值偏低。

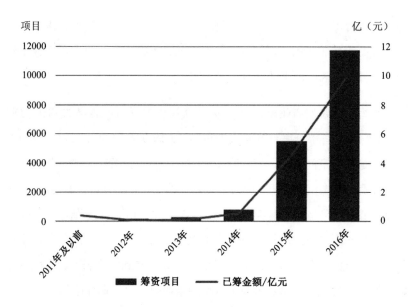

图 6-1　腾讯乐捐历年筹资规模分布

个人用户、非公募机构和公募机构均可在线发起项目，经由腾讯乐捐和公募机构审核后可以上线接受捐款。每个线上项目的资金筹集均暂时保管于公募机构（如中国扶贫基金会人人公益基金、中华少年儿童慈善救助基金会等），募款结束后由公募机构拨付善款给被救助人。

零壹研究院数据中心统计了腾讯乐捐上发起项目超过 100 个的机构，共有 19 家，这些机构既有公募机构也有民间组织，前者包括中华少年儿童慈善救助基金会、爱德基金会、中国扶贫基金会、中华思源工程扶贫基金会等，后者的典型代表是天使妈妈基金会和爱心家园义工联等。值得一提的是，美国医疗众筹平台 Watsi 也在腾讯乐捐发起公益筹款，帮助世界多个国家筹集善款（见表 6-1）。

表6-1 腾讯乐捐典型发起机构名单（按发起项目数量降序排列）

序号	发起机构	发起项目数量	筹款金额/万元
1.	天使妈妈救助团队	903	3 756.6
2.	搜狐焦点公益基金	782	727.3
3.	中华儿慈会 9958 儿童紧急救助中心	521	4 008.6
4.	北京新阳光慈善基金会	483	1 850.3
5.	邯郸市慈孝文化促进会	372	267.8
6.	江苏省老龄事业发展基金会	274	686.3
7.	爱心家园义工联	272	1 582.3
8.	爱德基金会	261	1 299.5
9.	深圳市慈善会·德义基金	257	968.7
10.	Watsi	235	291
11.	中国妇女发展基金会	200	7 061.1
12.	中华儿慈会-西部儿童救助专项基金	156	863.2
13.	中国扶贫基金会	152	9 098.9
14.	河北慈善联合基金会	144	510.2
15.	中华思源工程扶贫基金会	127	1 084.5
16.	北京感恩公益基金会	120	425.3
17.	河南省爱心助老基金会	114	104.6
18.	中华社会救助基金会	105	1 160.5
19.	江苏省华夏三农事业发展基金会	102	173.4

资料来源：零壹研究院数据中心。

3.2 轻松筹

轻松筹由北京轻松筹网络科技有限公司运营，于 2014 年 8 月上线运营，已融资到 B 轮，是一家集公益众筹与产品众筹为一身的平台。目前拥有尝鲜预售（农鲜产品众筹）、梦想清单（梦想众筹）以及轻松互助三大主营业务板块。其主要特点是线上筹资项目主要通过微信朋友圈获得关注，具有很强的社交属性。

　　在轻松筹平台上，项目发起人可通过移动端（APP 或微信公众号）发起大病救助，填写目标金额、筹款标题、筹款原因及相关的资料成功发布项目，即可在发起人朋友圈分享转发。轻松筹并不在此环节对众筹项目的真实性进行审核。投资人面临的审核程序在提现环节，在轻松筹运营团队人工审核通过后，才可以将筹资金额提现到发起人个人账户，同时轻松筹收取 1% 的服务费用和 1% 的微信支付通道费用。

第 3 篇

非标权益众筹

第 7 章
Chapter 7

汽 车 众 筹

按照常规分类，互联网众筹可分为产品众筹、股权众筹、债权众筹（即 P2P 网贷）和公益众筹，分别与传统的产品预购、股权投资、资金出借、慈善捐助相对应。但是众筹引入我国以来，发生了较大的变化，出现了诸如权益众筹、消费众筹等新类型，其回报物不属于上述任何类型，或者是多种回报形式的综合，因此是非标准化的，可统称为非标权益众筹，具有如下特点。

（1）回报物既非产品/服务，也非股权、债权，而是获得现金收益的权利（如支持者合伙购买一辆汽车再卖出，通过买卖差价获利）。

（2）回报物为消费权利，但是其金额或内容随时间/项目效益情况进行变动（例如支持者对餐厅进行投资，餐厅根据经营情况向支持者发放就餐代金券）。

（3）回报物为以上两类的结合（如支持者对酒店进行投资，既获得盈利分红，也获得一定的打折或免费入住权）。

因此，非标权益众筹的分类标准与本书第 2 篇产品众筹、股权众筹、公益众筹的划分标准不同，与各类传统众筹有所交集。2015 年以来，非标权益众筹发展迅猛，特别是汽车众筹、店铺众筹、民宿众筹、影视众筹等细分领域规模占比较大。

本报告将非标权益众筹单独成篇，按经营领域着重分析汽车众筹、实体店众筹和影视众筹三类，旨在从另外一个角度剖析中国互联网众筹的发展细节。

受经济下行和需求增速放缓的影响，中国汽车市场在经过十年的黄金发展期后迎来转折点：新车销量急剧放缓，汽车金融、二手车、汽车租赁等汽车后市场服务却呈现火爆态势。近一两年来，汽车金融产品不断增多，单单在互联网金融领域，主营业务为车贷的 P2P 平台便已超过200 家，2015 年成交规模保守估计在 600 亿～700 亿元，2016 年全年达到 1 616 亿元。二手车电商自 2015 年以来出现井喷，资本密集涌入，竞争异常惨烈。与此同时，以买卖价差模式为主的汽车众筹异军突起，2015年交易规模达到 15 亿元，2016 年达到 94 亿元，远远超过同期的股权众筹和产品众筹。

所谓汽车众筹，即以汽车作为投资标的通过互联网众筹平台向大众募集资金，用以收购汽车，将其出售或租赁给用户（个人、下游车商、汽车使用公司等）以获取买卖差价或租赁收入，并按约定的方式向投资者和服务方（一般为车商和平台）分配收益的收益权众筹[①]（个别情况下，投资人直接购买汽车自己使用）。

第一节 业务模式介绍

从不同的角度，我们可以对汽车众筹做出不同的划分。

[①] 部分平台或媒体认为汽车众筹是一种"物权"众筹。

（1）车辆使用目的：自购型众筹、买卖价差型众筹和经营收入型众筹。

（2）汽车属性：新车众筹、平行进口车众筹、汽车租赁众筹和二手车众筹等。

（3）众筹平台角色：撮合型众筹、自营型众筹和综合型众筹。

下文将从以上三种角度阐述汽车众筹的具体业务模式。

1.1　按车辆使用目的划分

如表 7-1 所示为从汽车使用目的划分的三大汽车众筹模式。

表 7-1　从汽车使用目的划分的三大汽车众筹模式

类型	业务模式	参与方收益	代表平台
自购型	一般由车商发起，以营销或降库存为目的，仅有个别名额，多以抽奖①的形式进行。 参与者以低于车辆（含二手车和新车）市场价的价格获得汽车产权。	投资人：车辆产权或无偿使用权。 发起方：营销效果（主）、车辆价差（次）。 众筹平台：交易佣金	爱众筹 苏宁众筹
买卖价差型	项目发起方（主要为车商）众筹资金，用于购买有利润空间的车辆（二手车或新车）。 众筹完成后，由项目发起方进行转手交易，获得利润扣除车商/平台应得部分，按认筹比例在投资人中进行分配	投资人：车辆价差分成或回购溢价（未售出时）。 发起方：车辆价差分成（汽车评估、维修等费用）。 众筹平台：车辆价差分成（交易佣金、支付手续费等）	维 C 理财 中 e 财富 兴发米

---

① 参与支持的投资者中，仅有中奖的人可获得汽车的使用权（苏宁众筹为 20 年）。

类型	业务模式	参与方收益	代表平台
经营收入型	汽车租赁商确定承租人后，通过众筹平台向投资人募集资金，用于收购车辆或短期资金融通。 将租赁过程中产生的收入分配给投资人、租赁商、众筹平台	投资人：租金分成，违约费用等。 发起方：租金分成及其各种附加服务收益。 众筹平台：交易佣金（撮合型）、自营型(交易佣金+租金)	中e财富 浙众车

资料来源：零壹研究院整理。

一、自购型众筹

这类众筹相对小众，车商让利空间较大，仅以个别车型在流量较大或与自身合作密切的众筹平台上发布，目前规模仅有数百万元。具体来看，其发起方主要有三类：

（一）新车代理商

比如某销售公司曾在苏宁众筹发起"十元抽宝马汽车"的活动，苏宁官方为众筹支持人随机派发众筹编号，根据算法得出众筹结果，幸运用户可获得车辆的20年使用权。这类众筹实质上是一种抽奖行为，众筹对象不只包括汽车，房产、无人机和家用电器都在选择范围内，京东众筹、国美众筹均有过此类抽奖型众筹。

（二）二手车商。

投资人以较低的价格获得二手车产权，其本质上是车商为了清理库存或宣传而发起的低价促销活动。相关的案例有某二手车商于2016年6月在众筹中原平台发起的"宝马汽车众筹专场活动"。

（三）平行进口车车商。

2015年2月，上海自贸试验区平行进口汽车交易中心正式营业，这是继 2014 年 8 月国家工商总局宣布取消汽车品牌授权制度后的又一大利好。彼时，恰逢互联网众筹的风口来临，部分资金渠道来源不足或急需资金杠杆扩大规模的车商瞄准众筹的规模效应，在平台发起众筹，同时完成了车辆购买至销售的环节。这类众筹跟二手车车商发起的产权众筹无本质区别，仅在于众筹车辆的属性不同。

二、买卖价差型众筹

这种众筹即低价买入，高价卖出，通过车辆升值变现退出后获得投资收益，利差主要来自信息不对称、地域价格差异以及短期的行情变动。发起方主要为小微车商，传统的操作上多以个人/多人出资的形式收购车辆，资金存量和融资渠道较为匮乏，市场竞争相对激烈，车源一般不太稳定。通过众筹，车商可迅速获得所需资金，一方面避免错失收购车辆的良机，另一方面利用杠杆扩大经营规模。众筹投资人则可获得远高于一般理财产品（如银行理财、P2P 产品）的收益，目前年化收益多在 20%～30%，一些项目可达到 60% 以上（见图 7-1）。

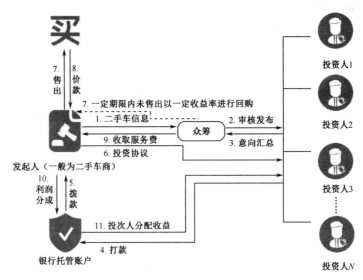

图 7-1　买卖价差型汽车众筹业务模式

专业的买卖价差型众筹平台最早于 2015 年第一季度产生，2015 年下半年开始明显增多，年底达到 8 家，累计众筹金额达到 7.5 亿元。2016 年，该类模式的众筹持续火爆，至 2016 年年底历史累计规模超过 100 亿元。

三、经营收入型众筹

顾名思义，经营收入型众筹中投资人的收益来自汽车的经营性收入，通常指租赁收入。按租赁期结束后所有权转移的不同，汽车租赁可分为传统租赁和融资租赁，前者承租人只获得使用权，后者在租赁期结束后，承租人可以选择有偿接收产权。目前这两种租赁方式都有相应的众筹玩儿法。

对租期较短的传统租赁，其模式较为简单：汽车租赁公司收购车辆后，在平台凭借车辆产权发起众筹，以用于资金融通（如购买更多的车辆），众筹投资人与车商、平台分享汽车租赁收入。这种模式本质上是一种信用借款行为，跟传统借贷不同的是，短租汽车众筹没有固定的收益，车辆也无明确的抵押物，投资人的收益在很大的程度上取决于车商的经营能力，风险较高。

对于融资租赁而言，目前存在两种模式。

一是中长期分红。租赁商将汽车租给承租人并交付使用后，以车辆租赁证明和承租人的身份信息等作为凭据发起众筹，以获得短期资金融通。众筹投资人的收益和分红则来自融资租赁期间承租人的每期回款以及可能的违约金，其期限可长达 2 年以上[①]。

二是短期垫资。车商在获得金融/类金融机构的放款前，通过平台进行众筹，拿到放款后向投资人交割本金与利息，众筹投资人实质上提供

[①] 部分车商采用分期众筹的做法，以缩短投资周期吸引投资人，类似 P2P 领域内存在的"续贷"。

了一种短期垫资服务。一般流程如下。

（1）有明确租车意向的承租人选定汽车后，向汽车租赁公司缴纳一定的比例（多在 20%上下）的定金及登记费用。

（2）汽车租赁公司在众筹平台上进行剩余购车款的筹集。

（3）若众筹成功，则汽车租赁公司购车并完成承租人的相关手续。

（4）汽车租赁公司向融资租赁公司等机构提出融资申请。

（5）融资租赁公司放款后，汽车租赁公司向众筹投资人返还投资额，并将汽车租赁收益（扣除运营成本、交易佣金等费用）按出资比例分配给投资人。

1.2 按汽车属性划分

如表 7-2 所示为按汽车属性划分的三大汽车众筹模式。

表 7-2 按汽车属性划分的三大汽车众筹模式

属性	属性解释/特点概述	使用目的	代表平台
新车	未经注册使用的汽车；过户次数为零的一手车	自用 出租	中 e 财富 苏宁众筹
平行进口车	未经品牌厂商授权，贸易商从海外市场购买，并引入中国进行销售。 省去多级经销环节，价格相对便宜（一般 10%~20%）	自用 销售	维 C 理财 （西瓜计划） 众和创投
二手车	在公安交通管理机关办理完注册登记。 达到国家制度报废标准之前进行交易并转移所有权	自用、销售 出租	维 C 理财 兴发米

资料来源：零壹研究院整理。

一、新车众筹

新车众筹中的自用型众筹最早可追溯至 2015 年年初，个别车商在众筹平台上以优惠价格或抽奖的方式预售少量车型，其目的主要在于营销推广。典型代表是苏宁众筹，某新车代理商在平台发起"十元抽宝马汽车"的活动，苏宁官方为众筹支持人随机派发众筹编号，根据算法得出抽奖结果，幸运用户可获得车辆的 20 年使用权。

新车众筹的另一个目的是用于租赁，据零壹研究院观察，所筹车辆均为租赁公司从 4S 店获取。这种模式最早出现于 2015 年 12 月，截至目前仅有中 e 财富有所涉及，累计筹资额达到 2.3 亿元。从最近 3 个月的数据表现来看，中 e 财富的新车租赁项目数量和筹资金额均呈快速增长趋势，后期可能会有其他的汽车众筹平台开展类似业务。

二、平行进口车众筹

平行进口车市场于 2015 年 2 月在上海自贸区正式开闸，之前一直处于灰色地带，目前仍处于试点实行阶段，各种商业模式尚在摸索实践中。平行进口车绕过了总经销商、大区经销商等销售环节，且定价不受厂商限制，有较大的优惠，通常比中规车价格低 10%~20%。近两年来，在政策利好和市场需求等影响下，平行进口车市场呈现出快速增长的态势。

平行进口车众筹出现于 2015 年下半年，主要是一些小型车商用于车款筹集或补充运营资金。据零壹研究院数据中心统计，截至 2016 年 7 月末，至少有 6 家平台涉足此类业务模式，整体规模在 2.8 亿元左右。我们也观察到 1 家平台（"汽车众筹"）通过众筹直接销售汽车进行库存融资，不过其规模仅在 500 万元以下。随着平行进口车市场的继续发展以及汽车众筹被更多人认可，此模式有较大的发展空间。

三、二手车众筹

二手车众筹是汽车众筹领域内出现最早、平台数量最多、成交规模最大的类型，截至 2016 年 7 月底，二手车众筹平台达 45 家，整体规模超过 34 亿元。原因主要在于二手车交易市场规模更大且相对而言更加分散，单体经销商占行业九成以上，有融资需求的车商绝对数量大；二手车单车价格较低，平台/车商资产开发的成本也较低，众筹模式更易复制扩张，造成短时间平台集中"涌入"。

二手车所筹车辆可用于直接出售（赚取差价）、出租或者（投资人）自用。对于以出租为目的的二手车，其使用时间一般较短，残值较高，部分经营此类业务的车商通过众筹募集资金用于库存融资或者短期资金融通，同时通过合同订立的方式将租赁收益权转给投资人。由于二手车租赁市场较小，为了减少众筹风险和提高投资人的信任度，车商一般先确定好承租人或者先与承租人订立合同，再在平台发起众筹，这种情况下的众筹本质上是一种借贷行为。

1.3　按众筹平台角色划分

如表 7-3 所示为按众筹平台角色划分的三大汽车众筹模式。

表 7-3　按众筹平台角色划分的三大汽车众筹模式

模式	平台特点概述	盈利来源	代表平台
撮合型	平台作为信息中介为车商和投资人提供居间服务。 资产端依赖合作车商，偏营销、风控。 模式较容易复制扩张	利润（销售利差或经营性收入）分成。 向车商收取佣金（实质也是利润）	维 C 理财

模式	平台特点概述	盈利来源	代表平台
自营型	平台由车商或其关联方负责运营。 同时介入资产端和资金端。 模式的收益较高	利润分成。 车辆评估费、维修费、 保管费等	迅盟众筹
综合型	资产部分来自合作车商部分自行开发。 同时介入资产端和资金端	利润分成 车辆评估费、维修费、 保管费等	兴发米

资料来源：零壹研究院整理。

一、撮合型平台

撮合型平台是最早出现的类型，也是目前的主流。据零壹研究院数据中心统计，截至 2016 年 7 月底，运营中的撮合型平台共有 32 家，占平台总量的 71%；撮合型平台累计筹资额在 35 亿元左右，占行业整体的 87%。

撮合型平台的业务依赖于合作车商，根据平台公开披露情况，目前单个平台的签约车商多在 2～5 家，个别上线较早、规模较大的平台达到数十家。平台一般不介入具体的交易环节，但在项目上线审核、销售决策以及收益分配环节有所参与（主要是为了控制风险），具体如下。

（一）上线审核

车商提交项目信息（主要是车辆属性）至平台风控部门，后者对项目进行评估审核，重点在于汽车质量、市场价格和销售难度等方面，审核通过后项目方可上线开始众筹。

（二）销售决策

当有意向的购买者报价后，车商将此报价提交给平台，由平台组织相应项目的投资人发起投票，一般人数在 50%以上或者所持份额 2/3 以上的投资人同意出售则车辆正式进入销售阶段。在这个环节中，平台承担的主要工作是信息统计及指令发送。

（三）收益分配

车辆销售给下游经销商或最终用户后，正式进入利润分配环节。撮合型平台主要有两种方式：一是利润分成，平台抽取一定的销售利润或租赁收益（一般为 20%～30%），八成以上的撮合型平台采用此种利润分配方式；二是交易佣金，在项目众筹成功的前提下，按众筹金额的一定比例收取（具体根据车商资质等因素动态调整）。无论哪种方式，平台的收益根本来源于车辆销售/租赁收入，区别只在计算方式不同。

撮合型平台提供的项目一般较多，投资人的选择范围更广，投资风险主要来自车商及平台的道德风险、车辆质量及销售风险，等等。

二、自营型平台

最早的自营型汽车众筹平台（聚创金融）上线于 2015 年 12 月，截至 2016 年 7 月末，自营型平台共 11 家，累计筹资额 4.2 亿元左右，占行业整体的 10.5%。仅 2 家自营平台筹资额超过 1 亿元，其余多在千万元级别。

区别于撮合型平台，自营型平台全程参与车源获取、项目提交、发起众筹、车辆销售/出租、利润分配的整个环节，需要承担更多的市场风险。在车辆不能及时销售或出租的情况下，平台需进行回购，这无疑加重了自身的资金压力。

由于融资主体与平台的同一性，自营型平台需要解决两个问题：一是如何应对监管，汽车众筹属于互联网金融的一个细分领域，监管层对互联网金融平台有一条"自融"红线；二是如何获取投资人的信任，获得持续稳定的资金端。

对投资人来说，自营型众筹首要风险依然来自车商（即平台）的道德风险，其次是受限于资金实力的回购风险。

三、综合型平台

最早的综合型汽车众筹平台是 2015 年 4 月正式运营的兴发米，截至 2016 年 7 月末，我们仅观察到 2 家平台为综合型，累计筹资额 8600 万元左右。与自营型平台相似，综合型平台的运营方一般在汽车领域具有多年经验，转向线上融资服务后，为了扩大资产端，与车商合作。

资产渠道多样是综合型平台区别于撮合型和自营型的主要特点。平台众筹项目按资产来源分为两类：一类是撮合型业务，平台作为第三方只负责项目前期风控，中期辅助投资人进行售价决策，后期介入收益分配；自营业务部分，平台全程参与各个环节。

第二节　行业数据分析

2.1　平台数量

事实上，最早开始涉足汽车众筹的应该是"ZM 汽车众筹"，该平台于 2014 年 11 月上线，涉足包括汽车及其周边产品在内的多种业务，目前已经转型。一些综合性的众筹平台，如凤凰金融-爱众筹也有个别新车众筹（预售）项目，类似的并非以汽车为主要标的的平台，本书不做数据统计。

2015 年 4—5 月，融车网、兴发米、中 e 财富先后开展汽车众筹业务，标志着这个行业的正式开端。同年 9 月以来，随着维 C 理财等平台的上线，国内汽车众筹平台开始持续增多，2016 年更是呈现出爆发趋势：第一季度新增平台 7 家，第二季度达到 19 家，超过此前的平台总数，9—12 月平均每月都有 30 多家平台上线。

据零壹研究院数据中心不完全统计，截至 2016 年年底，运营中的汽车众筹平台达到 119 家，已经超过传统类型的众筹平台（见图 7-2）。

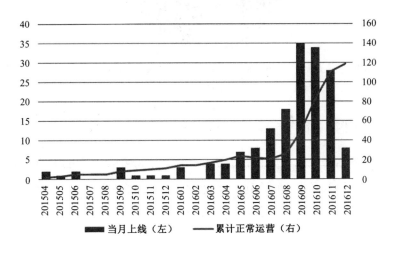

图 7-2　我国汽车众筹平台的数量走势

2.2　平台地域分布

119 家平台分布在全国 18 个省（含直辖市，均以平台工商注册地址为准，下同），具体如图 7-3 所示。可以看出，多达 58 家平台位于山东省，占到 48.7%的比例。山东省机动车保有量和驾驶人数量均居全国第二，且正在启动公车改革，二手车车商数量众多，交易活跃，竞争激烈。其他省份中，河北省的平台达到 13 家，上海市共 9 家，浙江省和安徽省各 6 家，其余地区均不超过 5 家。

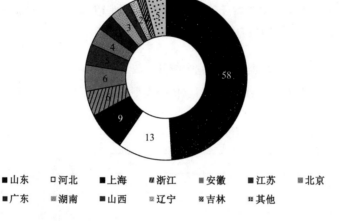

图 7-3　我国汽车众筹平台地域（注册地）分布（单位：家）

除山东省外，汽车众筹平台主要集中在江浙地区。在实际情况下，一些平台通过与各地车商合作，展业范围已拓展到多个地方，包括未出现汽车众筹平台的四川、重庆和云南等地。

2.3　平台类型构成

据零壹研究院数据中心统计，在正常运营的 119 家平台中，以二手车为主的买卖价差型众筹平台占到绝大多数，含汽车融资租赁及平行进口车业务的平台少于 10 家。从平台角色来看，撮合型和自营型平台分别占到 41 家和 78 家，车商及其关联方直接参与运营的平台占据多数，这类平台由于涉嫌"自融"，风险（主要是道德风险）较大。

2.4 整体交易规模

2015 年 4 月到 2016 年 2 月期间，汽车众筹并不为市场所关注，整体表现不愠不火：单月完成的众筹项目均在 500 个以下，众筹金额则呈缓慢增长趋势，累计筹资总额在 10 亿元左右。

2016 年农历春节过后（3 月开始），随着平台数量的增多以及行业热度的提升，汽车众筹异军突起，月度交易规模猛增到 4 亿元以上，只 8 月开始维持在 10 亿元以上。截至 2016 年年底，汽车众筹累计筹资额接近百亿元，达到 93.9 亿元，约为 2015 年的 12.4 倍。

图 7-4 展示了近两年各月筹资规模走势，2016 年各月筹资规模增速快于 2015 年，但 9 月以后筹资规模呈下降趋势，主要是因为行业风险集中爆发，原有大平台增长基本停滞。

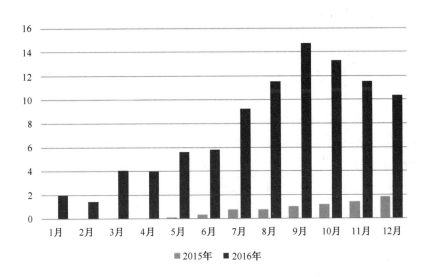

图 7-4　我国汽车众筹各月筹资金额走势（单位：亿元）

第三节　典型平台案例

截至 2016 年年末，汽车众筹行业发展时间不足两年，市场发展远未成熟，主要表现为监管缺位、平台粗放式经营、道德风险高发等。零壹研究院分析认为，促进行业健康发展的关键在于明确众筹平台的信息中介定位。此外，资本扶持、合规经营、投资者教育是推进汽车众筹发展的有利因素。

本章前几节主要从业务模式和宏观数据分析了汽车众筹，本节我们对维 C 理财进行案例分析，该平台同时具有筹资规模较大、信息中介、获得风投、资金托管等多个可供研究分析的特点。

需要特别说明的是，汽车众筹属于高风险投资，本书选取的所有案例均不构成投资推荐。

3.1　平台概况

维 C 理财于 2015 年 9 月正式上线，由上海金枣金融信息服务有限公司运营，是国内最早专注于汽车领域的物权众筹平台之一。通过微信端的初步运营以及与各地车商的合作，维 C 理财的业务实现快速扩张，截至 2016 年年末至少已完成 20 个城市的业务布局，合作车商在 60 家以上，累计交易额达到 6.9 亿元。

维 C 理财已经获得多家风投机构的投资： 2015 年 7 月，平台获得新进资本数百万元种子轮投资；2016 年 5 月，平台宣布完成千万元级 Pre-A 轮融资，戈壁创投领投，如山创投和丰厚资本跟投，华兴阿尔法担任独家融资顾问。

3.2　产品介绍

　　和目前运营中的绝大多数汽车众筹平台不同，维 C 理财一开始是从微信 wap 端切入，直到 2016 年 8 月才可以通过 PC 端进行投资。平台目前有 5 类产品，基本可以满足不同层次投资人对期限和收益率的差异化需求。产品的基本情况如表 7-4 所示。

表 7-4　维 C 理财产品的类型及其特点概述

产品名称	产品简介	收益方式及比例	最长回款周期/保底收益
新手体验标	将真实标的回款时间按周期压缩至 1~3 天，模拟真标的周期和年化收益率	红包（投资时可用）	3 天/—
芒果计划	与车商合作，收购评估二手车并发布项目募集资金，募集成功后车商进行销售	浮动收益：30 天内出售，≥37.5%的销售毛利；45 天内出售，≥43.75%的销售毛利；超过 45 天出售，50%的销售毛利	90 天/8%
樱桃计划	与车商合作，收购评估二手车并发布项目募集资金，募集成功后车商进行销售	8%的固定收益+10%的销售毛利	90 天/12%
草莓计划	为车商提供短期垫资服务	12%~16%的浮动收益，年化收益率每天递增 0.13%	30 天/16%
西瓜计划	与车商合伙收购平行进口车，投资人出资用于缴纳保证金	按照不同的销售周期收取对应比例的利润分红	180 天/12%

　　注：（1）收益为年化收益率，等于收益/本金/天数×365。

　　　　（2）西瓜计划在 7 月 27 日后无新项目。

资料来源：零壹财经整理。

体验标是一个不错的设计，可以让投资者在 3 天内快速熟悉整个流程，以红包形式发放的收益对激励投资者继续投资有一定的帮助。草莓计划保底收益高达 16%，从投资者角度来看，此类产品相对于 P2P 车贷（3 月内的项目一般不超过 12%）有较大的优势。从车商角度来看，通过众筹还可以规避监管机构对 P2P 的限额要求（单一法人或组织在同一平台借款余额最多 100 万元）。

每一类产品都可以通过"组团"进行投资：支付开团，并邀请 5 位朋友参加，若最终众筹成功前集满 6 人，则在原收益基础上每人增加特殊的成团奖励（现金红包）。若最终众筹成功，但人数不够，则只能享受正常投资待遇。从设计上来讲，有利于获得客户或提高存量投资人的黏性。

3.3 风险控制

维 C 理财的创始人系金融专业出身，有着较为丰富的金融从业经验，其对平台风控的把控较为完善。概括来说，主要包括以下几个方面。

一、车辆过户

汽车物权归属于投资人所有，相关的证件由平台代为保管；

二、60%～70%的额度

众筹总额为车辆收购价格的 60%～70%，剩余资金需车商自行承担；

三、8%～16%的保底收益

若车辆在规定的时间内未能成功出售或利润过低，则车商承诺回购。

四、保险公司承保

人保财险为所有众筹车辆提供财产险及附加盗抢险。

3.4　信息披露

总体来说，维 C 理财的信息披露较多，但在运营数据方面过于宏观，细节不够。平台披露的信息主要包括以下几点。

一、众筹车辆的基本属性

类型、品牌、车型、颜色、新车售价、行驶里程、注册日期、车辆照片（这也是大多数汽车众筹平台披露的信息）。

二、回款信息

自 2016 年 6 月 27 日起，在官网公告每一个项目的回款信息，包括回款状态（回款/回购/提前回购）、分红、万元收益、回款期限、年化收益率。

三、运营报告

自 2016 年 1 月起，在官网公告每月的运营数据，包括大事记、投资数据（累计、在投、回款）、资产数据（车辆状态、回款周期、投资周期）和用户数据。

3.5　数据分析

维 C 理财的项目基本处于供不应求状态，在发布不久便被投满，以下统计如无特别说明，均以发布时间（众筹开始时间）为准。除贷款余额、平均回款周期以及加权平均年化收益率根据官方披露的数据整理得到外，其余均为零壹研究院数据中心通过公开渠道采集整理。

一、项目数量和众筹金额

据零壹研究院数据中心统计，截至2016年年末，维C理财共有3 035个项目成功完成众筹，资金总额在6.9亿元左右。从图7-5可以看出，平台业务量自2016年第一季度开始大幅增长，随着业务的扩张、合作车商的增多，平台的交易规模继续大幅攀升，2016年全年筹资规模达到6.7亿元。

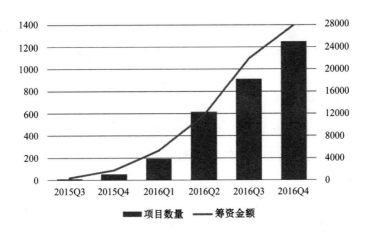

图7-5 维C理财项目数量及众筹金额走势（单位：个、万元）

二、在投金额

在投金额即未到期或未被回购项目的众筹资金总额。据官方披露的数据，截至2016年年末，平台在投金额约为1.74亿元。图7-6是平台2016年以来的各月月底的在投金额走势，也是从3月份开始大幅增长，此后一路走高。

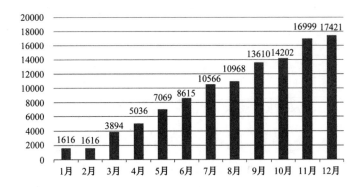

图 7-6　2016 年维 C 理财在投金额走势（单位：万元）

三、回款周期和平均收益

据官方披露的数据，我们整理出 2016 年各月的平均回款期限和加权平均年化收益率（均为平台上线以来至某个时间段的平均数值），如图 7-7 所示。受行业周期等因素的影响，平台的回款周期由年初的 31 天延长到 7 月份的 48 天左右，加权平均年化收益率则从 33.5%下降到 22.55% 左右。由于统计周期是累计的，所以某个月份的实际回款周期会更长，收益率则更低。若从 2016 年 6—8 月期间来看，平台每天的加权平均年化收益率多在 10%~20%，具体如图 7-8 所示。

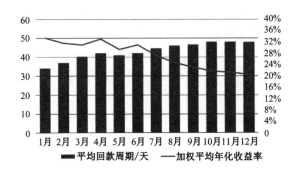

图 7-7　维 C 理财平均回款周期及加权平均年化收益率

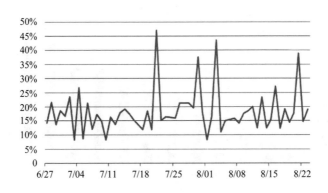

图 7-8　维 C 理财近期内加权平均年化收益率走势

第四节　汽车众筹存在的典型问题

4.1　物权众筹在法律上是否成立[①]尚存争议

行业早期从业者将汽车众筹（非产品型）定义为"物权"众筹，但实质上这种提法并不意味着投资人拥有对所筹车辆的物权。根据相关的司法解释，物权是指权利人依法对特定的物享有直接支配和排他的权利，且物权是支配权，物权的权利主体只有一个。在汽车众筹的一般流程中，车商先在平台发布汽车信息，再由投资人共同筹款付给车商，后者再去购买车辆并登记，车商通过"继受取得"[②]车辆的物权。站在投资人的角

[①]关于投资人享受的是物权还是债权，亦可参考博文：http://www.zczj.com/news/2016-08-25/content_8302.html。

[②]法律术语，指通过某种法律行为从原所有人那里取得对某项财产的所有权的取得方式。

度来看，物权众筹是不成立的。

4.2　行业风险已进入高发阶段

汽车众筹因其收益较高、期限相对灵活等特点吸引了大量玩家的进入，但是整个行业尚处于监管真空地带，平台实力参差不齐，参与人员鱼龙混杂，道德风险高发。此外，多家汽车众筹平台本身就是由 P2P 业务转型而来，对二手车市场的风险认识严重不足，其持续经营风险较大。

2016 年 8 月初，"金福在线"卷款潜逃，拉开了汽车众筹风险事件的序幕，自 9 月开始每个月都有 10 家以上的平台潜逃、停业或提现困难，影响恶劣，直接导致投资人的流失及后期筹资规模的下降。截至 2016 年年末，汽车众筹问题平台已达到 54 家，占该类型平台总数的 31.2%，包括聚创众筹、宝易得等上线时间较早、规模较大的平台也未能幸免，涉事总金额达到 2 亿～3 亿元。

我们认为未来半年内，汽车众筹领域的风险事件仍然会呈高发趋势，甚至有可能被监管部门整顿，不过少数合规经营、稳健发展的平台仍然会有较大的空间。

4.3　二手车筛选和销售风险

汽车众筹多以二手车作为投资标的，不管是平台自营还是与车商合作，都需要专业的团队来进行严格把关。相关的风险主要来自两个方面：一是投前审核，避免问题车辆（如已经抵押质押的车、事故车辆、黑车等），客观评估车辆的价值，或对合作车商设置合理的准入标准；二是投后的车辆销售，二手车销售淡旺季分明，且有极强的地域属性（如限迁政策），如何在较短的时间内获得最大的差价收益对平台和车商而言是一大考验。事实上，汽车众筹早期宣传的就是安全、灵活、收益高，年化利率普遍可以达到 30%～50%。随着行业参与者的增加，市场竞争日益激烈（包括恶性竞争如价格战），目前的收益率已经大不如从前，降到15%左右。

考虑到目前很多问题车辆无法进行交易，因此平台的管理团队必须在二手车行业方面有着丰富的经验和具有较强的专业性，并对和自身建立合作关系的二手车商有着全面的了解，对于二手车商的获取客户的能力整体较差、普遍缺乏竞争力这种现状也应有充分的认识。

第 8 章

实体店众筹

实体店是互联网时代相对于"网店"的名词，是在一定的硬件设施基础上建立起来的、地点相对固定的、以赢利为目的的商业实体。实体店众筹是指一群人通过互联网平台为实体店项目筹集所需要的资金，以帮助其达到开店营业、店铺扩张等目的。

从投资回报角度来看，实体店众筹大体可以分为产品和股权/收益型，前者进行简单的资金筹集并获得实物（包括虚拟物品）回报，后者取得众筹单位的股权或收益权，投资人最终通过营业利润、股权升值或其他方式实现经济收益。

本报告所述的实体店众筹项目包括新店开立、店铺扩张、门店的大范围装修翻新等，购买少量原材料、装修摆件等小资金项目不在统计范畴内。

第一节　概　述

2012年6月，点名时间在上线一周年之际开始陆续出现零星的书店、咖啡馆、客栈类项目，可以看作国内互联网众筹行业最早的实体店项目。2013年年末到2014年年初，淘宝众筹和众筹网也开始涉足实体店领域，同时人人投上线运营，通过全国加盟的模式推出大批餐饮、住宿、娱乐等实体店众筹项目，引起媒体和业内的广泛关注，带动实体店众筹进入发展快车道。

围绕衣食住行、吃喝玩乐的实体店与我们的日常生活密切相关，在消费升级以及互联网金融风生水起的大环境下，创业者、风投机构、投资人等参与方对实体店众筹也表现出极大的兴趣。

第二节　行业数据分析

2.1　平台数量

零壹研究院数据显示，2014年我国实体店众筹规模约为5542万元，2015年飙升至8.7亿元，2016年则在15亿元左右，同比增长72%。截至2016年年末，我国涉及实体店众筹且仍在正常运营的平台共有65家。

如图 8-1 所示，从 2015 年第二季度开始，平台密集涉足实体店领域[①]。第三季度持续升温，相应的平台数量达到 14 家的顶峰。2015 年 11 月以来，互联网金融面临的监管环境日益严峻，非汽车类众筹平台的数量增长迅速放缓，涉足实体店项目的平台也随之减少，2016 年上半年仅增加 16 家，下半年几乎为零。

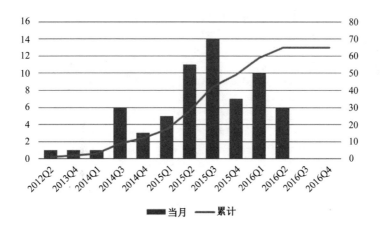

图 8-1　我国实体店众筹平台数量走势 2014—2016 年

（按平台开始涉足实体店项目的时间进行统计）

表 8-1 列出了我国主要实体店众筹平台的基本信息。

表 8-1　我国主要的实体店众筹平台

序号	平台名称	平台类型	投资行业	注册地	上线时间	业务开始时间
1	人人投	股权型	餐饮美食、酒店客栈、母婴亲子	北京	2013-12	2014-8
2	众投天地	股权型	餐饮美食、酒店客栈、教育培训、服装首饰	北京	2014-7	2015-1

① 以该平台上首个实体店众筹项目的发布时间为准。

序号	平台名称	平台类型	投资行业	注册地	上线时间	业务开始时间
3	大伙投	股权型	酒店客栈、休闲娱乐	安徽省合肥市	2014-7	2015-1
4	众筹客	股权型	餐饮美食、酒店客栈、休闲娱乐、农牧专营	北京	2014-8	2015-3
5	原始会	股权型	酒店客栈、餐饮美食	北京	2014-11	2015-6
6	众筹界	股权型	餐饮美食、其他连锁、酒店客栈、其他	上海	2015-1	2015-6
7	第五创	股权型	餐饮美食、酒店客栈	广东省深圳市	2015-5	2015-8
8	多彩投	股权型	酒店客栈、美容保健	北京	2015-8	2015-9
9	360淘金	股权型	休闲娱乐	北京	2016-2	2016-1
10	百度百众	股权型	休闲娱乐	天津	2016-4	2016-4

资料来源：零壹研究院数据中心。

2.2 整体交易规模

据零壹研究院数据中心统计，2014 年之前只有点名时间和淘宝众筹上有个别项目与实体店相关，其成功筹资金额合计仅为 55 万元。2014 年 8 月以来，实体店众筹开始受到业内关注并逐渐发展起来，当年筹资规模达到 5 567 万元。随着相关平台的增多和项目数量的大幅增加，这个数据在 2015 年飙升到 8.9 亿元，同比增长 15 倍。截至 2016 年年末，我国实体店众筹累计成功筹资金额保守估计在 31 亿元左右，其中 2016 年筹资额约为 22[①]亿元，同比增长 147%（见图 8-2）。

[①] 在 2016 年发布的众筹报告中，我们未考虑开始众筹上的实体店项目，本书对相关的数据进行了追溯调整。

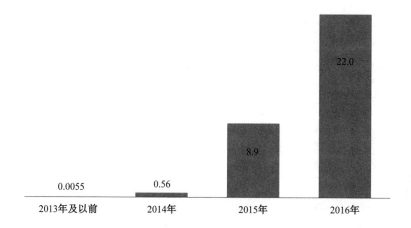

图 8-2　实体店众筹历年筹资规模（单位：亿元）

2.3　2016 年各平台市场份额

图 8-3 是 2016 年实体店项目规模靠前的 15 家平台及其数据情况，它们的筹资总额共计 18.6 亿元，约占行业整体的 85%。开始众筹累计完成三轮融资，在资本的助推下，业务扩张明显加快，投资人气以及众筹完成率较高，其在 2016 年成功完成的实体店项目共有 268 个，相应的筹资额共 7.18 亿元，遥遥领先于其他平台。

2016 年，还有 3 家平台实体店筹资规模也在亿元以上，分别是人人投（2.4 亿元）、众投天地（1.75 亿元）、多彩投（1.54 亿元）和众筹客（1.45 亿元）。其中人人投和众筹客的经营范围较广，包括餐饮、休闲娱乐、酒店客栈等大消费领域，众投天地的主要业务是连锁酒店众筹，多彩投多做民宿类项目。

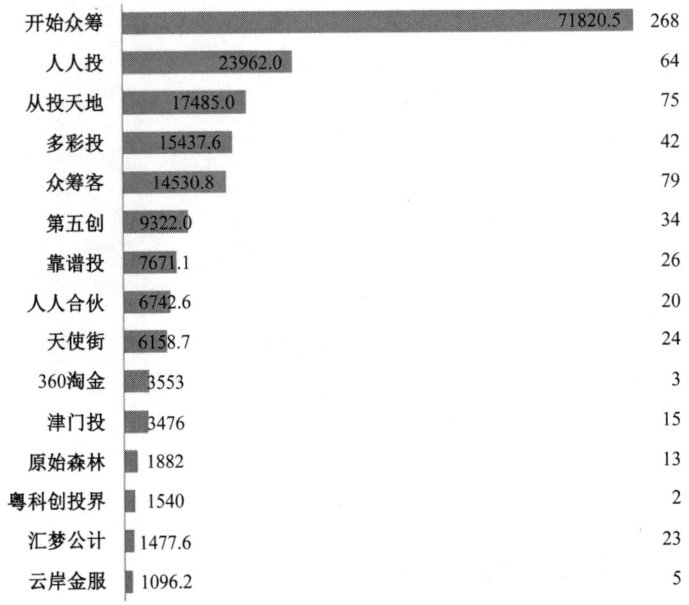

平台	筹资额	数量
开始众筹	71820.5	268
人人投	23962.0	64
从投天地	17485.0	75
多彩投	15437.6	42
众筹客	14530.8	79
第五创	9322.0	34
靠谱投	7671.1	26
人人合伙	6742.6	20
天使街	6158.7	24
360淘金	3553	3
津门投	3476	15
原始森林	1882	13
粤科创投界	1540	2
汇梦公计	1477.6	23
云岸金服	1096.2	5

图 8-3　主要平台实体店项目筹资额及数量（2016 年）（单位：万元，个）

2.4　项目的行业分布

实体店众筹项目集中在餐饮美食和酒店客栈、休闲娱乐、美容保健、母婴亲子、教育培训、其他连锁行业，2016 年共有 742 个以上类型项目，筹资总额 19.2 亿元。从 2016 年的市场格局来看，酒店客栈和餐饮美食类项目筹资总额分别高达 9.9 亿元和 9 亿元，二者合计占 86%。休闲娱乐、美容保健等其他几个类别均在 5% 以下，具体如图 8-4 所示。

2016 年上半年，餐饮美食类项目的筹资规模高于酒店客栈，下半年则发生反转，但前者的项目数量（41.5%）仍然低于后者（45.4%）。导致这个现象的原因可能在于，餐饮创业者多为中小个体户，群体较大，单个项目所需资金较小，易扩张。酒店客栈模式较复杂，启动资金较多，不少精品项目都在百万元到千万元级别。

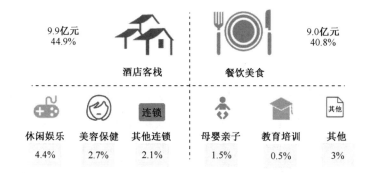

9.9亿元
44.9%

酒店客栈

9.0亿元
40.8%

餐饮美食

休闲娱乐　美容保健　其他连锁　母婴亲子　教育培训　其他
4.4%　　2.7%　　2.1%　　1.5%　　0.5%　　3%

图 8-4　2016 年实体店众筹项目的行业分布

在 2016 年成功完成筹资的 767 个项目中，筹资成功的实体店项目大部分为小资本、轻量级，约 34%的项目已筹资金在 100 万元以下，合计仅贡献了行业 7%的筹资额；100 万至 500 万元的项目数量约为 54%，筹资总额占行业的 48%（见图 8-5）。

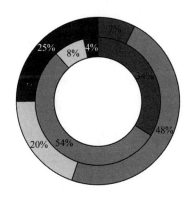

■100万元以下 ■100万～500万元 ■500万～1000万元 ■1000万元以上

图 8-5　2016 年实体店众筹项目的筹资金额分布

（内环为项目数量，外环为筹资金额）

第三节　典型平台案例

前文述及，酒店民宿、餐饮美食已成为实体店众筹平台最主要的选择，其中酒店民宿类在各细分领域中筹资金额最高。本节选择多彩投作为实体店众筹案例，该平台专注于酒店民宿类业务，且获得过多轮风投注资，可以作为研究酒店众筹的典型样本。

3.1　平台概况

多彩投隶属于北京多彩投网络科技有限公司,成立于 2014 年 10 月,自 2015 年 1 月起正式开展众筹业务,也是国内首家专注"新型生活空间"的众筹合投机构,项目覆盖酒店、民宿、公寓及其产业链上下游创投等多个细分领域。

多彩投于 2015 年 8 月获得顺为资本千万元级天使轮融资。2016 年 7 月，获得英诺天使、分享投资和顺为资本的 Pre-A 轮投资，金额在数千万元级别。同年 9 月，获得云起资本和火橙创业加速器的战略投资。截至 2016 年年末，多彩投成功众筹项目共有 80 个，成功筹资额达到 2.29 亿元，对应投资人共 4 922 人。众筹项目发起地分布在全国 21 个省市，其中北京、云南、浙江和四川等地区排名前列。

3.2　数据分析

截至 2016 年年末，多彩投共上线众筹项目 90 个，其中成功筹资的项目共有 80 个，历年拟融资额[①]为 1.67 亿元，实际筹资额达到 2.29 亿元。多彩投近两年筹资情况如图 8-6 所示，与 2015 年相比，2016 年筹资额增长 727%，主要是因为平台项目数量增加明显，尤其是酒店类项目。

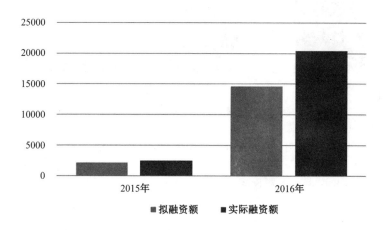

图 8-6 2015—2016 年多彩投拟融资额与实际融资额统计（单位：万元）

多彩投众筹产品共有三类：股权收益权众筹、私募股权以及消费众筹。其中，后两类是平台早期业务的主要组成部分，而收益权众筹在 2015 年 11 月才正式开展，但项目数量增长较快，2016 年下半年后成为平台主要的产品类型。

根据零壹研究院数据中心统计，截至 2016 年年末，在多彩投已成功的 80 个项目中，收益权类共有 50 个，相应的筹资金额为 1.22 亿元。私募股权类有 26 个，成功筹资金额为 1.06 亿元。消费众筹类仅 4 个，筹集金额合计 74 万元（见图 8-7）。

---

① 仅指已成功项目的目标融资金额。

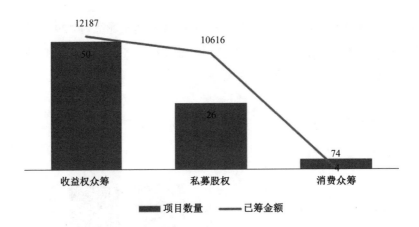

图 8-7　多彩投项目类型分布（截至 2016 年年末）（单位：个、万元）

如图 8-8 所示，多彩投成功融资项目中，300 万元以下的项目有 53 个，总额为 7 801 万元；300 万～500 万元的项目有 20 个，总额为 7 617 万元；500 万～1000 万元以及 1000 万元以上的项目则分别为 4 个和 3 个，对应融资总额分别为 2 450 万元和 5 010 万元。

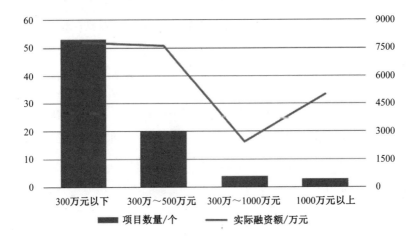

图 8-8　多彩投成功融资项目金额及数据分布

3.3 业务模式

多彩投发布的众筹项目按回报方式分为私募股权众筹、股权收益权众筹和消费型众筹，其特点如表 8-2 所示。在私募股权类众筹中，众筹投资人成立有限合伙企业，由有限合伙企业直接持有项目股权。在股权收益权众筹项目中，众筹投资人与项目原股东签订协议，受让股东所持股权的收益权。以上两类众筹较为相似，都需要承担初创项目运营失败的风险，所获得的回报为现金分红或消费权益。对于消费众筹而言，投资人获得的是消费权益，这类项目通常投资额较低，多对项目起营销推广作用。

表 8-2 多彩投三类众筹及其特点

众筹类型	权益变化	所获得的回报
私募股权众筹	众筹投资人成立有限合伙企业，持有项目股权	现金分红
股权收益权众筹	众筹支持人不持有股权，而是获得股权对应的收益权	或消费权益
消费众筹	不持有股权和收益权	消费权益

资料来源：零壹研究院整理。

3.4 风险控制

多彩投的风险控制措施贯穿众筹的各个阶段，首先是投前阶段：众筹发起人提交项目后，由多彩投风险控制团队进行尽取调查，经过充分研讨及审核后项目才能上线。截至 2016 年 10 月，项目审核通过率仅为5%。平台对众筹融资额在项目总投资额中的比例进行严格限制，一般情况下，众筹融资额仅占项目总投资额的 20%，最多不超过 40%，以保证经营者持有绝大部分股份，提高其运营积极性。在线支付时，多彩投采用第三方支付（连连支付、新浪支付），及第三方托管（新浪支付托管）

来管理众筹资金。

其次是投中阶段。针对融资企业的盈利状况，多彩投监管团队会每年对项目公司提供的经营状况、资金预算、经营回款等情况进行如实披露，并定期在网站上公布融资企业或项目状态，以供投资者及时了解。

最后，在投后管理上，多彩投监督项目方的分红过程，保证投资人的回报权益。

3.5　盈利模式

对于私募股权和收益权的项目，多彩投一次性收取众筹金额的3%作为现金服务费，另有众筹金额的3%作为权益对价投入到众筹项目中，享有与众筹其他投资人一样的消费权益及分红收益。对于消费类众筹，多彩投则一次性收取8%的众筹现金服务费。而当投资人转让所持消费或收益权益时，多彩投会收取一定的佣金费用。以私募股权模式操作的项目中，多彩投子公司多彩维度资产管理公司作为合伙企业普通合伙人按协议收取管理费和一定比例的利润分成。

3.6　主要创新

一、"众筹+基金"众筹模式

多彩投与喜神资产联合发起设立一支专注于精品民宿领域的股权投资天使基金，其管理团队拥有一线基金投资运作经验及丰富的行业实战经验。多彩投在日常运营中积累了大量酒店、民宿、公寓类项目的数据，包括运营数据、财务数据等，这些数据分析建模后被用于多彩投基金投资组合的优化，以提高基金收益率和把控投资组合风险。

二、旧房改造——"二环更新"

除新建酒店、民宿、公寓外，多彩投也引入大量的旧房改造项目。最为典型的是在北京二环内进行的一系列老院改造，称为"二环更新"。在尊重本地文化脉络的前提下，"二环更新"嵌入了现代美学理念，激活整个片区的活力。据统计，目前包括大栅栏、后海、王府井、南锣鼓巷在内的区域都有多彩投的"二环更新"项目。此外，多彩投也在成都、厦门、青岛等城市核心城区开展该业务。

三、新空间融资加速器——结庐社

近年来，民宿行业逐渐兴起，但相应的配套设施并未跟上。基于此，多彩投于 2016 年 8 月发起成立了非标住宿加速器——结庐社，围绕民宿发展的六个领域，建立高端社群，并通过 UGC 的内容产出等方式增强用户黏性和活跃度。结庐社的主要功能是为新空间创业者提供融资加速、咨询辅导、人才培养等服务，以培育优秀民宿企业和相关的人才。该加速器借鉴 MBA 培养体系，引入"导师制"，帮助民宿创业者快速成长，并效仿全球知名加速器 Y Combinator 模式，根据导师贡献度不同给予相应的股权激励。

第四节 实体店众筹存在的典型问题

4.1 项目造假问题

跟影视文化、移动互联网、广告传媒等知识密集型产业相比，实体店项目造假问题较为突出，典型的包括隐瞒真实运营状态、粉饰财务数据、夸大预期收益等。在实体店开业前期伪造材料也相当普遍，最常见的就是隐瞒资金的真实用途。举例来说，"人人投"在2016年10月下旬通过官方网站公布了12[①]个黑名单项目，有5个在申请时使用虚假凭证或数据（包括合同、票据、经营数据、征信数据和付款凭证等）。

实体店项目造假问题高发的原因可以从以下几个角度探究：从宏观环境看，餐饮、酒店等实体店行业创业项目数量多，相应的，造假频率高。从融资方看，实体店的创业门槛儿较低，运营者多以个体户和中小团队为主，在撰写商业计划、整理财务数据等方面一般不够专业，诚信问题也较为严重。从平台的角度看，其风险控制水平往往不足，而且需要审核的项目数量较多（一般平均每月上线项目在4~10个），需要耗费更多的运营成本。从投资人的角度看，由于进入门槛较低，专业的投资人较少，所以整体风险意识严重不足，对项目缺乏辨别能力。

4.2　资金闲置风险

实体店项目多与人们的衣食住行密切相关，按相关的法律法规的要求需办理各种证件、执照之后方可开业。以餐饮类项目为例，需要食品卫生许可证、环保审批、消防审批、税务登记、工商登记等，这些证件需要辗转多个机构进行办理，时间成本较高。此外，如果在核心商圈开店，也要满足更多的条件：装修时间段、店面风格等均不可随意变动，若同一区域发生火灾等重大事件，则需要停业并配合做好排查整顿。一般情况下，项目方在众筹资金的时候，开店条件尚不成熟，预计短期完

[①] "人人投"黑名单累计公布的项目有27个，对于成功追索资金的项目，该平台不再公示。

成的手续往往会拖延数月甚至一年之久,而众筹完成后资金留在平台或第三方托管处,面临闲置风险。由于经验不足、市场变化、定位偏差、突发事件等因素,项目方的实际经营情况也往往和预期有较大的差异,预期一年回本,实则一直亏损的情况屡见不鲜。

4.3　盈利能力普遍较低

前文述及,实体店项目主要集中在餐饮美食业和酒店客栈两个行业,尽管市场空间大、项目来源广且数量稳定,但整体盈利能力不容乐观。中国烹饪协会发布的《2015 年度中国餐饮百强企业和餐饮五百强门店分析报告》显示,2015 年餐饮百强企业净利润率仅 4.8%,进入微利时代,用工成本、房租成本呈逐年上升趋势。中国酒店业亦存在类似的问题,行业数据显示,2013 年至 2016 年中国星级酒店整体呈亏损状态,且随着经营成本的不断上升,未来几年行业利润率可能将进一步下降。成熟企业尚且利润较薄,众筹项目盈利情况自然不容乐观,整体来看投资风险很高。实体店亦存在诸如粗放式经营、高额税费负担、互联网 O2O 的市场挤压等问题,这些因素也是造成行业低利润的重要原因。

第五节　小结及展望

5.1　收益/股权型模式已成主流,需控制风险

相对于产品众筹的情怀和参与感,投资者更看重实打实的财务回报,

股权/收益型已成为实体店众筹项目的主流模式，在项目数量和筹资规模上均占 80%～90%的比重。这类项目具体的回报设置相对灵活，股权、保底收益、浮动收益、按季/半年分红、承诺到期回购等，让投资人可以根据自身情况作出更合适的选择。

不过，股权类投资毕竟是一件专业而严肃的事情，失败的案例不在少数，项目造假、挪用款项、开店延期、经营不善、业绩远远达不到预期、店铺倒闭等问题有多发的趋势，投资人应该加强风险识别能力，平衡收益与风险。众筹平台、行业组织、监管机构等在投资人教育和风险控制上也需下足功夫，促进市场健康发展。

5.2 规模将继续增长，市场空间巨大

近两年来实体店众筹持续火爆，涉足平台大量增加，项目数量和资金规模高速增长，主要得益于三方面因素。一是互联网众筹的发展和普及，让更多的创业者和投资者了解并接受这种新型的融资方式。二是消费需求的增长，特别是餐饮、住宿、娱乐等大众服务业的需求巨大。三是政策的支持和鼓励，"大众创业、万众创新"刺激包括实体店在内的创业热情的高涨。

从宏观环境看，实体店众筹尚处于发展初期，大量的市场空间未被发掘。在需求上，国家统计局数据显示，近几年社会消费品零售总额同比增长均在10%以上，2015 年餐饮业收入 3.23 万亿元，同比创近 5 年来最大增幅。在政策上，2016 年 6 月全国范围内正式推行营改增后，餐饮住宿业整体税负将降低，有利于促进餐饮住宿业创业。随着互联网众筹的深入普及，会有更多的融资以众筹方式展开，如果有 3%～5%的资金

需求通过众筹方式进行，相应的市场规模也在千亿元级别。

5.3　专业尽职调查+集中风控+投后管理构成平台核心竞争力

经历快速发展后的实体店众筹已经初具规模，但目前仍处于蓝海阶段，平台与平台之间尚未展开直接竞争，也不具备压倒性的优势。相关的平台除了合规运营、市场开发和增值服务等基本考虑外，应该着重从以下三个方面加强自身建设，服务好项目方和投资人，为将来的竞争奠定坚实的基础。

首先，尽职调查。配备专业人员或委托专业的第三方机构，对项目所处的行业、相关的政策、前期准备、发起方及其合伙人等方面做出客观调查、仔细甄别和有效评价，从源头上尽量降低潜在的风险。

其次，集中风险控制。出于地域限制和成本考虑，实体店众筹平台多以加盟形式实现规模扩张，加盟店负责寻找和评估项目并进行投后管理。由于加盟店的佣金往往与项目筹资总额挂钩，因此有动力降低审核标准甚至伙同项目方造假。总部宜对加盟店进行集中风险控制，关键是建立标准化、数据化的风险控制技术和系统能力，掌握投前投后的最终决策权，建立适合的考核和激励制度，避免内部人员疏忽渎职。

最后，投后管理。项目完成筹资之后，后续拨款、协议签订、工商登记、信息披露、协调沟通、利润分红、到期退出等跟踪管理与投资人的利益息息相关，但相对繁杂，如何及时有效地做好这些事项，需积极思考和尝试。一个可参考的办法是，平台以股权投资的形式将自身与项目方、投资人的利益捆绑在一起，但是这样无疑会增加平台的投入成本和收益风险，也考验着平台的投资水平。

5.4　资本投入加大，逐渐孵化一批知名品牌

传统的品牌建立，往往需要大量的资本和长时间的精心运营方能实现。通过互联网众筹，实体店项目在筹集启动资金的同时，有机会得到大范围的曝光和宣传，快速建立起自己的品牌和影响力，引起市场和机构投资者的关注，为后续发展和扩张创造有利条件。零壹研究院数据表明，知名品牌通过众筹平台实现加盟扩张的案例较多，这在一定的程度上也"反哺"了众筹平台，助推其营业增长及品牌宣传。

目前已有个别项目和平台（众筹客、人人投、多彩投等）引起资本市场的关注和出手，随着行业的摸索、积淀，风险资本对互联网众筹的投入可能加大，有望通过新的形式孵化出一批知名众筹和实体店品牌。

第 9 章
Chapter 9

影 视 众 筹

所谓影视众筹，本书中指的是投资人通过互联网为影视制作全过程募集所需要的资金、人才、剧本、设备等，以达到资助影视项目顺利完成的目的。相关的项目主要包括院线电影、台播电视剧、新媒体电影、网络剧等，众筹一般发生在这些影视作品正式放映之前[①]，项目筹备、摄制、后期制作、宣传发行的各个环节都可以发起。

第一节　概　述

我国影视众筹的产生建立在两个契机之上：一是互联网众筹在中国

[①] 项目完成之后的众筹基本以观影以及影视内容周边产品为主，应为产品众筹的范畴。

的萌芽和发展，通过网络为项目募资的方式逐渐被接受；二是我国影视文化的发展尤其是网络付费电影的兴起，低成本的影视项目开始盈利。

2011 年 7 月，我国第一家众筹网站"点名时间"上线，初期开展文化创意类众筹，包含部分微电影项目。同年 9 月上线的追梦网，其投资项目也涵盖影视领域。2012 年 3 月，公益宣传片《还好，我们的爱并不脆弱》成功在点名时间完成筹资，成为国内第一个成功的影视众筹项目。同年 6 月，原为综合型平台的淘梦网转型成为专注微电影众筹的垂直型平台。

2013 年十八届三中全会工作报告提出"推进文化体制创新"，鼓励金融资本、社会资本和文化资源相结合，为文化行业带来新的活力，低成本的影视项目也将因此受惠。2013 年全年新增 5 家影视众筹平台，其中胖毛在线和得募网为垂直型平台。全年筹资额达到 1 000 万元，其中包括 3 个百万级项目，分别是《十万个冷笑话》《大鱼海棠》、2013 年快乐男声大电影《我就是我》。其中《十万个冷笑话》是首个通过众筹募集资金的院线电影。

2014 年至 2015 年，在互联网金融的大潮裹挟之下，影视众筹步入黄金发展期，影视众筹"玩儿法"不断翻新，盈利模式多样化。2014 年 3 月，国家出台《关于深入推进文化金融合作的意见》，加强文化金融中介体系的建设，给影视文化产业带来积极的信号。互联网巨头阿里巴巴、百度相继从影视产业切入众筹，娱乐宝、百发有戏"首秀"即获得大批投资人关注并成功完成目标融资。

2015 年，国务院出台《关于加快构建大众创业万众创新支撑平台的指导意见》，首次提出支持影视等创意项目依法开展实物众筹，稳步推进股权众筹融资试点，政策的积极导向明确。2015 年当年新增影视众筹平台达到 17 家，其中收益型影视众筹平台多达 10 家（不含问题平台）。

第二节　行业数据分析

2.1　影视众筹整体情况

截至 2016 年年末，我国涉及影视众筹且仍运营正常的平台共有 44[①]家。如图 9-1 所示，2014 年前进入影视众筹领域的平台[②]仅 5 家，包括点名时间、淘梦网、乐童音乐、众筹网和青橘众筹，除垂直影视众筹平台淘梦网外均为综合型产品众筹平台。

2014 年，平台数量开始出现较明显的上涨，当年进入影视众筹领域的平台共计 7 家。2015 年新增影视众筹平台更是达到 22 家，超过前 3 年的总和。2016 年，这个趋势略有缓和，新涉足影视众筹的平台仅有 10 家，主要因为当年互联网金融领域监管动作频繁，相关的政策收紧。

[①] 已剔除停业、失联潜逃以及转型重组的平台。

[②] 平台进入影视众筹领域的时间以首个成功影视众筹项目上线时间计算，由于统计原因，可能存在少许误差。

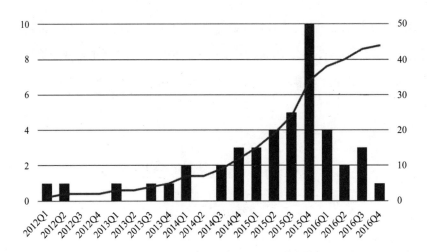

图 9-1　我国影视众筹平台数量变动趋势

表 9-1 列出了我国主要影视众筹平台的基本信息。

表 9-1　我国主要的影视众筹平台

序号	平台名	影视项目类型	收益类型	上线时间	影视众筹开始时间
1	淘梦网	微电影、网络大电影、院线电影、网络剧	实物、其他权益	2012-3	2012-6
2	胖毛在线	网络大电影、院线电影	固定收益、浮动收益	2013-9	2014-1
3	原始会	院线电影、网络剧、电视剧	浮动收益	2013-12	2015-11
4	苏宁众筹	网络剧、院线电影	固定收益	2015-4	2015-10
5	淘娱集	网络大电影	浮动收益	2015-9	2015-11
6	聚米众筹	院线电影、电视剧、网络剧、网络大电影	实物、固定收益、其他权益	2015-4	2015-7

续表

序号	平台名	影视项目类型	收益类型	上线时间	影视众筹开始时间
7	苏宁众筹	网络剧、院线电影	固定收益	2015-4	2015-10
8	优酷众筹	院线电影、网络大电影	实物	2015-9	2015-12
9	幕客网	院线电影	浮动收益	2015-11	2015-12
10	影大人	网络大电影	浮动收益	2015-12	2016-1

资料来源：零壹研究院数据中心。

　　据零壹数据中心统计，2012—2016 年，影视众筹市场规模呈快速上涨趋势。2012 年成交额在 10 万元以下，项目以低成本的小微电影为主。2013 年院线电影首次进入互联网众筹领域，当年影视众筹融资金额 1 000 万元以上，其中院线电影占 70%左右。2014 年，互联网巨头阿里巴巴、百度高调进军影视众筹领域，当年成功筹资突破 2 亿元。2015 年，在政府鼓励股权众筹的背景下，大批收益型众筹平台上线，百万元以上的项目明显增多，当年成交金额约 5 亿元。

　　截至 2016 年年末，全国共上线影视众筹项目约 1 500 个，其中约 220 个众筹目的为剧本征集、演员招募、设备筹集，资金众筹项目约占 85%[①]，产品型影视众筹累计成功筹资 3 500 万元左右，收益型影视众筹筹资约 4.3 亿元，泛众筹[②]保守估计在 10 亿元以上。

　　随着影视众筹项目的不断增加，相应的支持人数也在逐年攀升，截至 2016 年年末，至少 600 万人次浏览过影视众筹项目，平均每个项目浏览人次在 4 000 左右。

[①] 报告后文分析对象均为资金众筹项目。

[②] 泛众筹指满足众筹定义，但不在众筹网站进行资金募集的项目。

2.2 产品型影视众筹

产品型影视众筹是指众筹回报为实物产品（如电影票、海报、CD 等）的影视众筹，这类众筹的主要作用是为小额投资项目筹集启动资金，帮助影视作品提前锁定票房并起一定的宣传作用。开展这类项目众筹平台利润率较低，目前尚无专营产品型影视众筹项目的平台。

据零壹数据中心统计，截至 2016 年年末，全国有千余产品众筹项目上线，众筹成功率在 50%左右，成功筹集总金额在 3 500 万元左右。产品众筹成功筹资金额分布如图 9-2 所示，32%的成功众筹项目筹集资金在 1 万元以下，但项目筹资额所占比例不足 1%。万元级和 10 万元级的成功众筹项目分别占 28%和 25%。筹资金额百万元级的项目数量占比最少，仅 15%，但筹资额占产品型影视众筹行业整体的 88%。

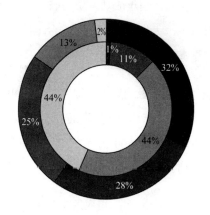

■1万元以下 ■1万～10万元 ■10万～100万元 ■100万～1000万元 ■1000万元以下

图 9-2　产品型影视众筹成功项目筹资额及项目数量分布

（内环为筹资额，外环为项目数量）

图 9-3 列出了部分典型平台产品型影视众筹的筹资金额，成功筹资额在 500 万元以上的平台仅 4 家，分别是众筹网（686.3 万元）、京东众筹（551.9 万元）、淘梦网（540.8 万元）、观众筹（521.3 万元），青橘众筹、点名时间影视类众筹成功筹资金额分别为 336.2 万元、327.3 万元。10 个代表平台共成功筹资 2 982 万元，约占整个产品型影视众筹领域的88%。

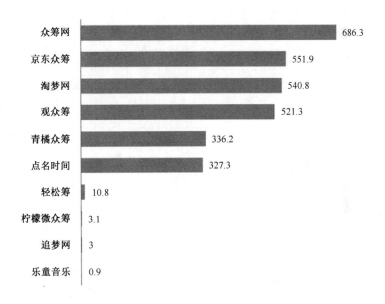

图 9-3 部分产品型影视众筹平台筹资金额（单位：万元）

表 9-2 列举了产品型影视众筹筹资金额排名靠前的代表性项目，排名前五的项目投资去向均为院线电影，前三个电影众筹项目均上线于2013 年，并曾先后刷新产品影视众筹筹资金额纪录。2013 年 3 月在点名时间发起的《十万个冷笑话》是国内第一个众筹电影，成功募资达 137万元，支持人数多达 5 258 人。同年 6 月，《大鱼海棠》动漫院线电影众筹项目在点名时间上线，成功筹集资金 158 万元，一举打破由《十万个

冷笑话》创下的纪录。9 月，在众筹网发起的 2013 快乐男声主题电影《我就是我》同时创下产品型影视众筹金额和支持人数之最，筹资金额达到 507 万元，支持者达 39 561 人。

表 9-2　产品型影视众筹代表性项目 TOP15（**按实际筹款金额排序**）

项目来源	项目标题	项目类型	已筹金额/元	支持人数
众筹网	2013 快乐男声主题电影	院线电影	5 074 780	39 561
点名时间	《大鱼海棠》	院线电影	1 582 650	3 510
点名时间	史上第一部众筹电影《十万个冷笑话》	院线电影	1 373 526	5 258
京东众筹	投资一部与众不同的电影	院线电影	1 328 395	1 633
观众筹	电影《距离》	院线电影	733 400	2 728
京东众筹	燃烧吧少年冠军夜，邀你前来	综艺秀	688 498	4 903
京东众筹	王小兄弟-群像微电影《你》	微电影	601 428	456
淘梦网	网络电影《百魅灯》打造中国"恐怖故事"	网络大电影	600 000	7
观众筹	《极盗者》全球首映	院线电影	594 290	1 973
京东众筹	艾问顶级投资人之创客法则	网络剧	566 895	217
淘梦网	爆笑新媒体电影《断片儿之妇仇者联盟》众筹拍摄费用	网络大电影	502681	23
淘梦网	犯罪惊悚悬疑网络电影《深渊》带你深入人性的思考	网络大电影	500 000	不详
淘梦网	网络电影《渣男的一百种死法》惩治渣男复仇电影	网络大电影	500 000	不详
淘梦网	新媒体电影《荷尔蒙超人》一部为 95 后而生的互联网超级电影	网络大电影	500 000	5
观众筹	都市爱情喜剧电影《现任攻略》	网络大电影	470 000	21

资料来源：零壹研究院数据中心。

表 9-2 中新媒体电影及电视剧单项筹资额均少于 100 万元，吸金能力明显弱于院线电影，原因是多方面的，包括项目所需资金成本低、主

创阵容"不给力"、发行渠道窄等。

2.3 收益型影视众筹

收益型影视众筹指投资人通过众筹获取项目收益权，包括股权和现金收益权。其中股权可由众筹投资人直接持有或通过投资影视基金、加入信托计划、成立有限合伙等方式间接持有，收益一般为浮动收益。现金收益权一般引入担保方或由众筹发起人承担无限连带责任，一般为固定收益。

据零壹研究院数据中心统计，截至 2016 年年末，全国约有 200 个收益型众筹项目上线，众筹成功率约为 80%，累计成功筹资约 4.3 亿元。收益型众筹成功筹资金额分布如图 9-4 所示，筹资额 10 万元以下的项目数量占 40%，但筹资金额占收益型影视项目的比例不足 0.5%。36%的成功众筹项目筹集资金在 10 万元级别，筹资额占比约 5%。100 万元至 1 000 万元的项目数量占比为 21%，金额占比达到 54%。筹资金额千万元以上的项目占 3%，筹资总额达到 41%。

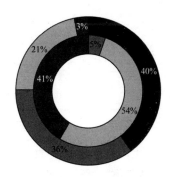

■1万～10万元 ■10万～100万元 ■100万～1000万元 ■1000万元以上

图 9-4 收益型影视众筹成功项目筹资额及项目数量分布

（内环为筹资额，外环为项目数量）

数据显示，目前收益型影视众筹以百万元以下中小额项目为主，但百万元以上的项目贡献了 95%的交易额。这跟所筹项目类别有着莫大关联，即网络电影类项目多但投入成本少，院线电影、电视剧等重资本影视项目"吸金"能力强。

图 9-5 列出了截至 2016 年年末部分平台收益型影视众筹的筹资金额，成功筹资金额最高的平台是苏宁众筹，累计成功筹资 1.1 亿元，紧随其后的大家投和出品人网分别成功筹资 4 698 万元和 3 750 万元，幕客网、原始会、淘娱集和众创聚投成功筹资额分别为 2 600 万元、1 592 万元、1 382 万元和 1 100 万元，其余 3 家平台筹资额在千万元以下。10 个代表平台共成功筹资 2.8 亿元，约占整个收益型影视众筹领域的 66%。

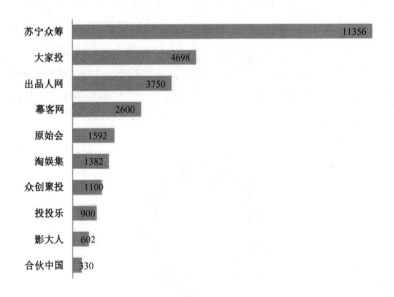

图 9-5　部分平台收益型影视众筹筹资金额（单位：万元）

表 9-3 列举了筹资金额排名靠前的代表性项目，均为院线电影和电视剧，筹资金额在 1 000 万元以上的项目共 7 个，筹资额最高的是苏宁

众筹的《叶问 3》项目，共筹资 4 050 万元，其余项目分别出自幕客网、大家投、出品人网、海派筹。筹资金额相近的项目在支持人数上有所差别，一般来说，回报为固定收益的众筹产品如苏宁众筹、海派筹支持人数较多，人均支持金额较少；回报为浮动收益的众筹项目风险较高，投资门槛较高，单个项目支持人数相对偏少。

表 9-3　收益型影视众筹代表性项目 TOP15（按实际筹款金额排序）

序号	来源	项目标题	项目类型	已筹金额（万元）	支持人数
1	苏宁众筹	《叶问 3》影视众筹，一起玩转电影圈	院线电影	4 050	5 100
2	苏宁众筹	支持《大轰炸》型男保卫团影视众筹	院线电影	3 000	2 830
3	幕客网	《鲛珠传》张天爱王大陆	院线电影	1 500	不详
4	大家投	电视剧《女人花似梦》	电视剧	1 157	108
5	出品人网	《刺客传奇》原名《修罗镇》	院线电影	1 100	233
6	海派筹	《铁血淞沪》电视剧众筹	电视剧	1 000	595
7	海派筹	《浪漫满屋》	电视剧	1 000	1 627
8	出品人网	《新永不消逝的电波》	院线电影	850	131
9	出品人网	《巴黎早安》	院线电影	700	22
10	大家投	电视剧《爱的速递》	电视剧	600	79
11	大家投	电视剧《花开如梦》	电视剧	600	62
12	苏宁众筹	《女汉子真爱公式》影视众筹，看电影还赚钱	院线电影	597	198
13	原始会	长篇史诗电视剧《利顺德传奇》	电视剧	580	91
14	原始会	超级季播剧《陈二狗的妖孽人生》	网络剧	508	68
15	投投乐	电影《我们的十年》	院线电影	500	103

注：表中去掉了一部分有法律争议以及平台已下线的项目。
资料来源：零壹研究院数据中心。

2.4　泛影视众筹

"泛众筹"处于众筹和非众筹的交叉地带，其筹资渠道和表现形式灵活丰富，严格来说并不在本书的统计范畴。这里所说的泛影视众筹是指具有众筹属性的理财产品（如娱乐宝、百发有戏），通过社交网络进行的募资（如在微信朋友圈发起的《大圣归来》），或在其他非众筹平台上发起的影视项目。

由于我国互联网众筹的发展尚不成熟，在专业众筹平台筹资的影视项目相对很少，所以大量有资金需求的影视项目只能通过其他渠道筹资，涉及的市场规模保守估计接近百亿元。

根据娱乐宝发布的《互联网+娱乐产业报告》，从 2014 年至 2015 年 5 月，娱乐宝共销售了 9 期、21 个项目（包括大部分影视投资项目和少量游戏项目），投资金额达到 5.3 亿元。而娱乐宝官网显示，截至 2017 年 2 月底已完成 40 个项目，我们估计其累计募集资金规模在 10 亿元以上。

表 9-4 列出了几个有代表性的泛影视众筹项目，包括百发有戏的《黄金时代》、娱乐宝的《小时代 3：刺金时代》和微信朋友圈的《大圣归来》，三个众筹项目均达到了各自的预计目标，不同项目的具体投资回报率差异较大。《黄金时代》与《小时代 3：刺金时代》年化投资回报率分别为 8% 和 7%，而在朋友圈发起众筹的《大圣归来》电影投资回报率达到 400%。

表 9-4　泛影视众筹代表项目

来源	影视项目	第三方	筹资金额/万元	支持人数
百发有戏	《黄金时代》	中信信托	1 800	3 301
娱乐宝	《小时代 3：刺金时代》	国华人寿	约 1 000	约 8 万
微信朋友圈	《大圣归来》	——	600	89

资料来源：零壹研究院数据中心。

第三节　典型平台案例

本章前两节提及，目前影视众筹的主要对象是网络电影，其具有投入低、制作周期短、分账模式简单等特点，而发布这类项目的平台较少。我们选择淘娱集作为本章案例，帮助本书读者了解影视众筹，尤其是网络大电影项目。

3.1　平台概况

淘娱集原名"星筹"，隶属于安徽淘娱集网络科技有限公司，成立于2015 年 9 月，自 2015 年 11 月起正式开展影视众筹业务，专注网络大电影领域。截至 2016 年年末，淘娱集平台线上项目共有 50 个，38 个筹资成功，筹资总额约为 1 076 万元，在垂直影视众筹平台中居前列。

3.2　数据分析

2016 年第一季度及第三季度项目数量较多，分别有 12 个和 15 个，相应的筹资额分别有 304 万元和 412 万元。

对比淘娱集拟融资额与已筹资额可发现，该平台筹资完成率较低，2015 年和 2016 年分别是 102.5%和 119.2%。

如图 9-6 所示为淘娱集历年项目数量及筹资金额。

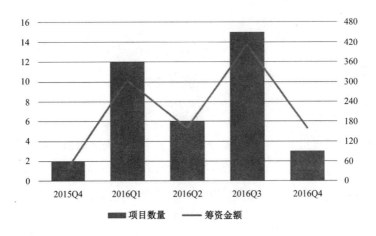

图 9-6　淘娱集历年项目数量及筹资金额（单位：个；万元）

如图 9-7 所示为淘娱集拟融资额与已融资额。

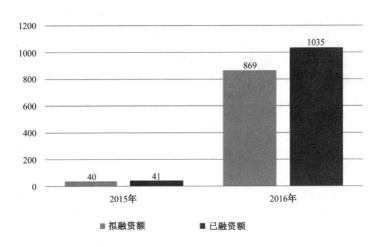

图 9-7　淘娱集拟融资额与已融资额（单位：万元）

截至 2016 年年末，38 个成功众筹项目对应的累计支持人次为 1 617，据此估计其支持人数在 700 至 800。2016 年第三季度支持人次最高，除了当期众筹项目数量较多的原因，还因为《中国队长之中队崛起》《表演大师》等项目人气较高。

如图 9-8 所示为淘娱集项目支持人次走势。

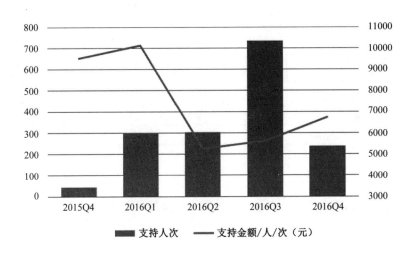

图 9-8　淘娱集项目支持人次走势

对于非门户视频类制作方来说，网络大电影的平均制作成本一般不超过 500 万元。以淘娱集为例，我们在表 9-5 中列出了该平台筹资金额靠前的 10 个项目。筹资额最高的影片为《中国队长之中队崛起》，为 53 万元，占到影片总投资（530 万元）的 10%。

表 9-5　淘娱集筹资金额前十的项目（按已筹金额降序排列）

序号	项目标题	目标金额/万元	已筹金额/万元	影片总投资/万元	支持人数	结束时间
1	精品网络大电影联合出品计划（首期）	100	114.6	—	137	2016-10
2	《盲宅》	100	114.6	70（不含发行）	61	2016-7
3	《时尚女模头》	25	25	300	44	2016-9
4	《中国队长之中队崛起》	100	35	530	110	2016-9

序号	项目标题	目标金额/万元	已筹金额/万元	影片总投资/万元	支持人数	结束时间
5	《我的黑道妹妹2》	21	30.7	200(不含发行)	49	2016-7
6	《女生禁区》	21	54.9	60.0	66	2016-3
7	《极度诱惑之灵异女侦探》	20.7	31	100	—	2016-1
8	精品网络大电影联合出品计划（二期）	18.8	20	—	44	2016-11
9	《夜店北京3真爱夜蒲》	20.7	20.7	150	78	2016-6
10	《捉妖学院》上部	8	13.8	206.5	61	2016-9

资料来源：零壹研究院数据中心。

与其他影视众筹平台不同，淘娱集为众筹投资人提供了线上的权益流转方式，在该平台官网"权益流通"板块体现。截至 2017 年 3 月 6 日，共有 21 个投资人对所持 50 份权益进行转让，转让详情如表 9-6 所示。

表 9-6　淘娱集众筹项目的转让情况

序号	转让项目名称	权益原始价格/万元	转让价格/元	折扣率	筹资额/万元	出让比例	转让人数
1	《中国队长之中队崛起》	8.1	6.4	21%	53	15%	19
2	精品网络大电影联合出品计划（首期）	6.5	6.1	7%	114.6	6%	5
3	《捉妖学院》上部	3.8	3.1	18%	31	12%	4
4	《猎魔军团》	2.2	1.7	21%	21.5	10%	4
5	《表演大师》	1.8	1.7	5%	30.7	6%	4
6	《盲宅》	1.5	1.1	30%	56	3%	2
7	《血猎者》	1	0.6	40%	25	4%	1
8	《夜袭寡妇村2》	1	0.6	37%	9.2	11%	2
9	《肉女心惊》	0.7	0.5	34%	13.5	5%	2
10	《天湖水怪》	0.7	0.5	33%	25	3%	2

续表

序号	转让项目名称	权益原始价格/万元	转让价格/元	折扣率	筹资额/万元	出让比例	转让人数
11	《绑架A计划》	0.5	0.5	10%	12	4%	1
12	精品网络大电影联合出品计划（二期）	0.5	0.4	20%	35	1%	1
13	《恐怖直播》	0.4	0.2	50%	20	2%	1
14	《超异次校园》	0.3	0.3	7%	13.8	2%	1
15	《元气超人》	0.3	0.2	37%	20	2%	1
	合计	—	—	—	—	—	50

资料来源：零壹研究院数据中心。

15 个影视项目的收益权在平台进行二次流通，转让价格较之原始权益折扣率在 5%至 50%，平均折扣率为 37%。虽然折扣率较高，但仅有 20%的权益份数（总份数为 50）成功转让。此外，从权益出让比例看，《中国队长之中队崛起》最高，达到 15%，15 个影视项目综合出让比例为 6%。

3.3　业务模式

淘娱集的众筹流程如下：首先由融资方在平台"发起项目"提交众筹申请，将项目信息、企业信息、融资金额、出让股份、投资人最低投资、入股方式等信息发送至项目接收邮箱，经由风险评估后，项目即可上线募资。

意向投资人可在线预约支持份额，成功完成筹资目标后，投资资金通过网银转账或银行柜台转账的方式直接支付尾款给项目方，众筹平台不经手资金。

3.4 主要创新

一、众筹收益权可流通

淘娱集的"权益流通"功能在影视众筹领域尚属首例，截至 2016 年年末，6%（指金额）的众筹权益已转让或正在转让。此功能能够提高众筹投资人的资金流动性，对于预期收益较低的项目也能及时止损。不过，由于收益权众筹的风险预期较高，此功能的使用效率并不算高，仅有 20% 的权益份数可成功转出。

二、积分商城

淘娱集在众筹之外，设立了积分商城"淘乐坊"，该商城的流通"货币"为虚拟金币（即会员积分），金币可通过两种方式获取：一是登录网站签到，有利于提高网站用户的黏性；二是投资众筹项目后系统赠送，作为该平台的后端服务之一。

积分商城内的主要商品为各大视频网站的会员资格，网站用户可用虚拟金币兑换这些权益，便于用户在视频网站免广告观看视频，尤其是在淘娱集众筹的网络影视作品。

第四节 影视众筹存在的典型问题

4.1 影视制作链条长，不确定性风险多

众筹作为一种筹资和营销渠道，并不能改变影视项目的传统生产流

程，亦无法改变其高风险的投资属性。从筹备、拍摄、制作、发行再到上映，涉及版权、剧本、演员、制作团队、审片等方方面面，整个链条中不确定的因素太多，任何一个环节出问题都会造成相应的风险，如档期延误、成本超支、票房不佳等，更不乏项目流产的情况。

2013 年，《大鱼海棠》制作团队尝试在"点名时间"上发起众筹，最终获得了 3 500 多人的支持，筹到 158 万元，但是这部电影直到 2016 年 7 月才正式上映，历时 3 年多，不少投资者表达了对制片方的不满。《女汉子真爱公式》在某股权众筹平台上筹资 504 万元，有 191 名投资人参与，结果票房惨淡，仅有 6 300 万元，与商业计划书中预期的 2 亿元票房相差甚远，投资人损失严重。

4.2 产品过度包装，信息披露不足

2015 年 3 月，阿里巴巴娱乐宝第一期产品上线，打出"100 元投资电影"的口号，吸引了很多投资人的目光。以娱乐宝发行《小时代 4：灵魂尽头》为例，最低投资金额是 100 元，看似是众筹，但其实这笔资金是买了国华人寿的保险理财产品，再通过合法的方式投向文化产业，进而获得投资收益。"百发有戏"与此类似，虽然收益和票房收入有紧密关系，但实际上是买了信托产品。这些被包装成理财产品的影视项目，在销售页面仅仅披露了产品的基本信息，无法得知融资方及其关联者的具体情况，投资者难以进行风险判断，虽然销售方承诺有保底收益，但风险仅仅被转嫁到同一个链条的另一个节点上。

2015 年 10 月，苏宁众筹携手合禾影视、易联天下（快鹿集团子公司）和万向信托共同推出《叶问 3》影视众筹项目，预期年化收益为 8%，

另有电影票、主演签名海报、首映礼门票等专项消费权益。如果票房大卖，还有浮动收益分红，最高年化收益11%。然而，2016年3月《叶问3》票房造假浮出水面，快鹿集团更多问题被媒体曝光，旗下理财平台纷纷爆发兑付危机，苏宁众筹发现后与相关方协商沟通未果，在项目到期后自行垫付了众筹资金，同时申请冻结了快鹿集团的部分资产。

4.3　平台整体盈利能力堪忧

影视众筹平台的盈利模式主要有三种：一是向项目发起人收取一定比例的服务费用，通常为5%左右，平台仅仅充当信息中介角色；二是平台参与项目投资，获得利润分成和投资管理费；三是平台利用自身资源提供策划、宣传、发行对接服务，收取一定比例的服务费。目前第一种模式几乎是标配，但此项收入很少，不足以覆盖平台的运营成本。第二种模式下平台与项目盈亏共担，需要具备较强的资金实力以及市场判断力，涉足平台屈指可数。第三种模式以淘梦网为代表，已经走出了一条可行的商业模式，正逐渐被市场接受，这类平台需要具备专业的影视运作团队，以及优质可靠的资源渠道，实质上已经切入到整个影视产业链中。

对于平台而言，其盈利能力最终都取决于项目的数量和质量，但是目前项目数量的增长已经明显放缓，且网络自制剧的流量基本被视频网站垄断，平台发展空间受到的挤压日益严峻，整体盈利能力堪忧。

第 10 章
Chapter 10
消费权益众筹

消费权益众筹兼具投资和消费属性，投资人的参与不仅仅是为了获得收益，他们同时也是产品的消费者，甚至是产品的粉丝。消费权益众筹的主要着眼点在于消费，投资人并不是真实意义上的股东，投入资金买到的是商家未来的收益权，而这种收益权以消费金（券）的形式兑现，其目的在于增进投资人的消费，从而更好地支撑商家的业务。

消费权益众筹与前面所述的实体店股权众筹存在较大的区别，后者的投资人登记为店铺股东，回报以现金分红为主，部分项目也会给予一些消费特权作为回报，但项目方一般不承诺到期回购投资人股份。

第一节　概　述

随着众筹的发展及其模式演变，更多新的玩法围绕着具体场景被不断地创造出来，给行业带来了活力和新的启发，其中就包括互联网巨头们早已涉足的消费权益众筹。

2014 年 3 月，阿里巴巴数字娱乐事业群推出"娱乐宝"，利用保险连接娱乐投资，网民出资 100 元即可投资热门影视剧作品，预期年化收益 7%。同年 9 月，百发有戏第一个项目《黄金时代》上线，两分钟内意向认购达到 1 500 万元，拥有主演致谢视频、告白视频、T 恤等的特殊权益则被秒杀，最终募集资金锁定在 1 800 万元。2015 年 9 月，京东东家正式宣布上线消费板股权融资，其第一个项目"雕爷牛腩"计划募资 50 万～200 万元，用于雕爷牛腩朝阳大悦城店的租金、装修、设备运营等。每位投资者限投 1 万元，可获得基础回报、收益分红、东家特权等多项权益，最高收益可能超过年化 26%。

消费权益众筹的投资门槛相对很低，普遍为几百元，玩儿法新颖，回报灵活，吸引了大量平台和投资人的参与。

第二节　行业数据分析

据零壹研究院数据中心不完全统计，截至 2016 年年末，以消费权益众筹作为重要板块的平台至少有 9 家[①]。表 10-1 中的四家平台均是从 2015 年下半年开展相应的业务，回报方式包括消费权益与现金分红。除了多彩投外，其余三家平台的回报方式同时包括可兑换的消费权益以及现金分红权。

[①] 不包括娱乐宝、百发有戏这类理财型产品。

表 10-1　典型消费权益众筹平台及其模式简介

平台名	业务开展时间	截至 2016 年年末累计筹资额/万元	消费众筹呈现方式	众筹领域	回报方式	主要融资方
京东东家	2015 年 9 月	3 201.2	网站单独板块	票务、食品、影视	1.投资本金一定比例（多在 50%以下）的消费金。 2.一定的投资期限后，融资方本金。 3.每年现金分红	成熟企业
百度众筹	2015 年 9 月	20 512.7	全部为消费众筹	美容业、服装、空间	1.投资全部转为消费，可用于折扣消费。 2.未消费部分可获得年化固定收益	成熟企业+初创企业
开始众筹	2015 年 7 月	未知	作为一种回报档位在项目中体现	餐饮、民宿	获得消费代金券，VIP 资格，一定比例的分红权以及下次融资的优先投资权	初创企业
多彩投	2015 年 9 月	93.8	网站单独板块	民宿	项目正常运营后，确定的消费权益	初创企业

备注：开始众筹单个项目同时有消费权益回报和产品回报，且平台不公开消费权益部分的筹资额，暂时无法统计到精确的筹资额数据。

资料来源：零壹研究院数据中心。

　　据零壹研究院数据中心统计，2014 年消费权益众筹整体规模约 4 000 万元，其中百发有戏和娱乐宝占到 70%左右。2015 年大幅增至 1.8 亿元，其中实体店众筹平台规模约占 61%。2016 年，百度众筹、开始众筹消费类众筹规模均在亿元以上，加之实体店众筹规模稳步增长，当年消费权益众筹总规模约 6 亿元。截至 2016 年年底，消费权益众筹历年累计规模约 8.2 亿元（见图 10-1）。

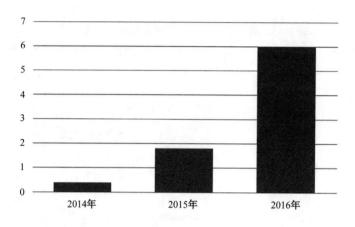

图 10-1 消费权益众筹规模走势（单位：亿元）

第三节 典型平台案例

消费众筹涵盖的范围虽广，但以其为重点业务板块的平台并不多见。规模较大且具有一定的知名度主要有百度众筹、京东东家、开始众筹和多彩投，后两家在本书前述章节均有提及。百度众筹历年规模高于京东东家，但由于后者提供融资服务的公司更多，开展消费众筹的时间较早，所以本节以京东东家为消费权益众筹案例。

3.1 平台简介

京东东家上线于 2015 年 3 月，最初的定位是私募股权众筹平台。2015 年 9 月，京东东家以"雕爷牛腩朝阳大悦城新店"众筹项目作为向消费权益众筹进军的开端。此后，消费权益众筹成为京东东家的重要业务板块。

3.2 数据分析

如表 10-2 所示，自 2015 年 9 月开始第一单消费权益众筹起，到 2016 年年末，京东东家成功撮合 13 个项目在平台进行募资。从项目成功时间看，2016 年上半年项目发布频率最高，共有 8 个项目在此时间区间内众筹，第四季度无成功项目。与京东东家"创投板"发布的私募股权众筹项目相比，"消费板"众筹金额相对偏低，且偏离均值的程度更小。

表 10-2 京东东家消费权益众筹成功筹资项目

序号	标题	筹资成功时间	拟筹资额/万元	筹资金额/万元	投资人数
1.	雕爷牛腩	2015-9	50～200	200	200
2.	"老炮儿"演唱会	2015-9	50～200	151	151
3.	URBAN REVIVO	2015-11	300～500	472.5	189
4.	花间堂	2016-3	200～400	400	200
5.	金石盟珠宝安吉店	2016-3	150～300	205	41
6.	良子健身	2016-3	75～300	90	60
7.	悠游堂北京国瑞 POLI 主题乐园	2016-3	100～500	210	84
8.	VDG1968	2016-4	100～200	196	98
9.	埃沃裁缝	2016-6	75～150	97.5	29
10.	美丽田园	2016-6	90～240	103.2	86
11.	奇境 GinSPA	2016-6	150～300	232	132
12.	iSpa 泰美好	2016-8	75～200	98	98
13.	URBAN REVIVO	2016-9	320～1 000	746	191

资料来源：零壹研究院数据中心。

图 10-2 展示了该平台私募股权众筹和消费权益众筹的筹资金额分布，后者平均筹资额较少，且集中度更高。

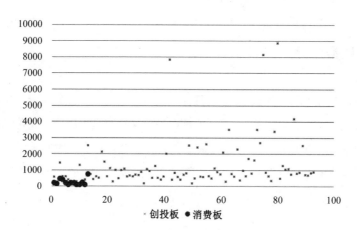

图 10-2　"京东东家"众筹项目筹资金额分布（创投板与消费板）

京东东家筹资项目目标金额均为区间值，图 10-3 展示了成功消费权益众筹项目的筹资数据。由图可知，最终筹资金额均高于项目拟融资上限，品牌服装店 URBAN REVIVO 共发起两轮消费权益众筹，筹资额居前列。

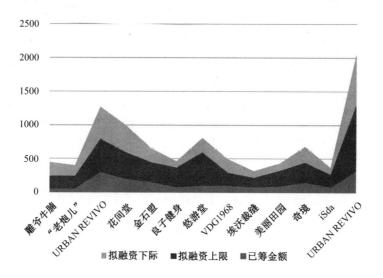

图 10-3　"京东东家"消费板众筹拟融资额与实际融资额（单位：万元）

3.3　众筹模式

一、众筹流程

京东东家消费权益众筹项目主要集中在中高端餐饮、美容业、快时尚等领域，众筹项目通常在筹资前已经形成了一定的品牌影响力，借助京东的平台向不特定投资人公开募资。

项目上线募资前，需接受尽职调查等审核机制，完全通过后开始线上展示，投资人可线上认募，缴纳意向投资并与股东签订电子收益权转让合同。众筹成功后，筹得资金用于项目方日常运营。若项目经营正常，则按合同约定的方式为投资人发放应得的消费金或现金红利。

二、回报方式

京东消费权益众筹一般设置多个投资档位，回报方式大致主要有消费金、浮动的现金分红和东家特权三种。

（一）消费金。

项目方按照单笔投资份额，以一定比例提供给投资人消费金，可代替现金使用，用来在项目方消费。

（二）浮动的现金分红。

以营业额、净利润等变量来决定的较稳定的现金收益。

（三）东家特权。

投资者所享受的项目方提供的各类 VIP 专属特权。

三、退出渠道

一般情况下，在合约自然到期时，由项目方全额回购投资人本金，与之相关的权利和义务即告结束。但若在经营过程中，企业财务经营情况触发合约内涉及的回购规则时，投资人按约定方式退出。

四、风险控制

将筹资项目控制在非初创企业从源头大幅降低了经营风险，另外，与私募股权众筹项目操作方法相似，京东也会对融资企业入场展开尽职调查，审核完成后方可上线。在投资产品设计上，平台对投资人数设置了上限（一般为 200 人）和下限，以规避政策风险和避免单个投资额过于集中的情况。

第四节　消费权益众筹的积极意义

4.1　显著降低项目方的融资成本和经营风险

在消费权益众筹模式下，投资人投入的是真金白银，获得的回报主要是消费金（券），这能有效降低项目方的资金压力。加之融资方基本不再需要向投资人披露公司财务及经营情况，这也减少了融资方的运营损耗。整体来说，消费权益众筹有助于降低综合经营成本，更容易把控业务，出现无钱可还而不得不卷款潜逃的情况会大大降低。消费众筹的项目方常承诺在项目到期后返还本金，对于投资者而言也是一种吸引力和安全保障。

4.2　改变了传统的营销方式，筹资即营销

第一，项目方通过众筹平台可以增加品牌的曝光度，做好市场测试或前期推广。

第二，消费金（券）本身就是对未来产品的预售行为，提前锁定销售额。

第三，投资者的某些回报附带宣传推广条件，扩大了项目的宣传渠道。

第四，当投资者成为所投企业的"股东"时，一般会自然成为该品牌的忠实拥护者，从而有意或无意地形成对该品牌的宣传与支持效应。

4.3　消费权益众筹拉近了企业与消费者之间的关系

由于二者在资金层面上直接接触，所以减少了中间环节，节省了中间费用，降低了企业的营销成本。企业则可以让利于消费者，双方同时受益。而且这种基于众筹的营销加入了社交属性，更加注重消费者的参与感，可以提升企业与消费者之间的情感联系。同时，基于消费者的反馈，生产者也能够更好地改进产品和服务。

4.4　权益灵活化、个性化

与电商网站和团购网站相比，消费众筹的最大优势在于项目的回报灵活化和个性化。消费权益众筹的灵活性体现在，通常具有两种回报方式，投资人可按照需求投资，部分平台甚至将未消费完的金额以现金回报的方式返回给投资人。个性化则意味着，投资消费权益众筹的项目通常能获得与一般消费者相区分的服务，比如限量的产品、定制的服务，等等。

第五节　消费权益众筹存在的典型问题

5.1　项目经营风险

虽然消费权益众筹在具体回报中包括了消费体验金和资金分红，但该类众筹的投资周期普遍较长，退出方式较为单一，基本为到期退出或回购，流动性低。以"雕爷牛腩大悦城新店"项目为例，其投资期限为5年，到期后投资者股权由雕爷牛腩回购并返还本金。而公开数据显示，我国企业的平均寿命大约只有 3.5 年，在此期间再好的企业能否持续经营也是不确定的，投资人参与消费众筹还是要遵循投资的基本规律，不能过于盲目。

5.2　权益回报风险

消费权益可以分为两类：一是具有特色的个性化商品或服务；二是通过市场其他渠道可以购买的大众消费品或服务。根据零壹研究院数据中心统计，第二种消费权益回报在数量上占优势，包括百度众筹和京东东家均以此类服务为主。两类消费权益中，主观认定的回报与预期不符均有出现，但后者的影响范围相对更广。举例来说，消费权益兑换期间，支持人发现回报物品在团购网站上已有销售，且更加物美价廉，那么可以认为众筹是对消费者时间成本和资金成本的浪费。所以，严格进行项目质量把关，选择优质企业和项目至关重要。

5.3　流量利弊共存

由于可向不特定人群公开筹资，消费权益众筹的客户群与产品众筹更加接近，其筹资结果在很大的程度上取决于众筹平台的流量。例如京东众筹、百度众筹等拥有较大流量优势的门户型平台，已成为消费类众筹项目的主要汇集地，大量中小众筹平台则缺乏相应的竞争力。当消费权益众筹项目日益集中在个别大平台上时，单个项目得到的流量资源趋于分散，为了获得更佳的展位或其他推广资源，项目发起方需要投入更多的成本。

第 4 篇

趋 势 展 望

第 11 章
Chapter 11
中国众筹行业的发展趋势

★ 机构数量或将进一步下降，行业进入存量增长阶段

2016 年，传统的产品及股权众筹机构数量出现大幅下降，在竞争加剧和监管趋严的情况下，机构总量在 2017 年或将继续减少，但筹资规模仍会继续上升，即进入存量增长阶段。京东众筹、淘宝众筹和开始众筹等平台业务一直在大幅攀升，其项目来源稳定且百万、千万元级别的项目显著增多，苏宁、小米等后起之秀也在开始发力，产品众筹将是未来众筹行业的增长主力。股权及收益权众筹机构数量较多，也在吸引更多高净值投资人的参与，但政策上的不确定性让其展业相对谨慎，预计规模会谨慎增长。如果政策明朗，存量平台有望在业务上出现爆发式增长。

★ 产品众筹已现巨头争雄，竞争日趋白热化

从 2015 年开始，京东众筹、淘宝众筹、苏宁众筹筹资规模便稳居行业前列。从 2016 年开始，众筹和小米众筹规模挤入行业前五，这 5 家平台均是大型互联网公司背景或大风投注资的平台。众筹网作为年筹资规模最高的独立型众筹平台，2016 年规模仅 4 679 万元，且有萎缩趋势。

产品众筹无疑已成为巨头争雄的行业，竞争也渐趋白热化，大平台在资产端的争夺加剧，中小规模平台或面临转型、停业的选择。

★　股权众筹监管日趋明朗，利好行业发展

2017 年 3 月，第十二届全国人大五次会议召开第二次全体会议，张德江委员长在人大常委会工作报告中表示，今年将修改《中华人民共和国证券法》。此前全国人大常委会新闻发言人傅莹表示，今年 4 月份有望再次审议《中华人民共和国证券法》修订草案。至此，《中华人民共和国证券法》修改时间表得以明确。

★　汽车众筹风险加剧，或将面临整改命运

汽车众筹异军突起，2016 年出现"大爆发"，平台总数已超过 100 家，全年筹资规模达到 94 亿元，成为新的增长极。但是从 2016 年第三季度起，汽车众筹积聚的风险开始密集爆发，欺诈潜逃和经营不善等问题特别突出，数千人上亿元的资金受到不同程度的影响。

与早年的 P2P 行业相似，汽车众筹目前处于野蛮生长期，监管缺位、信息披露不足、投资者保护等问题未能跟上。存量汽车众筹平台规模仍会继续扩张，潜在的风险还没有充分暴露。由于风险通常快速爆发，涉及投资人与金额较多，所以社会负面影响大，汽车众筹可能成为监管层关注和整治的对象。

★　收益权众筹将迎来更大的发展

在收益权众筹模式下，普通投资人不再是真正意义上的股东，但拥有股份对应的收益权。较之于股权众筹，收益权众筹的优势在于投资门槛儿较低，交易结构简单，回报方式灵活，对融资者而言也不会影响其持股比例，因此颇受投融资双方的青睐。随着实体店等生活消费型项目在众筹行业的快速发展，收益权众筹模式很可能受到更多机构的认可，也将迎来更大的发展。

★　**房产众筹将继续低迷**

在经历 2015 年的蓬勃发展之后，房产众筹由于杠杆风险等问题引起政府重视，随后迎来监管阵痛，深圳、广州等地全面叫停房产众筹。截至 2016 年年末，存量房产众筹平台主要从事房租收益权、营销推广式众筹，均不涉及利用杠杆资金炒房的可能。由于国内对房价的严格调控，众筹首付款、众筹建房销售这类众筹基本没有发展空间。但是海外房产则不存在类似政策掣肘，有可能成为新的投资机会。不过，由于各国房地产市场的差异性，众筹海外房产需要高度重视风险，加上我国对于外汇的管控，投资便利性可能也会受到较大的影响。

★　**在消费升级需求下，消费类众筹有望快速发展**

随着国民经济收入的不断提高，中国消费需求正在发生实质性改变，消费升级的步伐逐渐加快，这种趋势将有助于消费类众筹的发展。

首先，中高档价位的众筹渐成趋势，以京东众筹、开始众筹为代表的平台在科技、出行、创意餐饮、新空间领域更加侧重，人均支持金额近年来稳步增长。其次，文化类众筹份额提高，包括影视、音乐、游戏、出版类众筹份额逐年增大。

此外，装修、美容业、婚庆服务等低频消费在众筹中也有凸现。

★　**众筹生态圈进一步完善，广度及深度均将增强**

现阶段我国众筹发展虽尚未成熟，但经过三年多的发展，众筹生态圈已现雏形。从广度看，众筹资产端、运营端、资金端和公共服务各个方面的从业主体处于增长状态，尤其是资产端和资金端。从深度看，围绕众筹产业链的各项服务趋于完善，有的平台甚至已形成闭环生态。未来，生态圈成员的类型和数量将继续扩大，宣传、营销、路演、投资人培训等服务机构的重要性将有更大的凸显，项目估值服务更加壮大成熟，监管和自律也将日益明确，生态圈各成员之间的融合势必加深。

图书在版编目（CIP）数据

众筹服务行业年度报告. 2016—2017 / 零壹研究院著. —北京：电子工业出版社，2017.8

ISBN 978-7-121-31867-2

Ⅰ. ①众…　Ⅱ. ①零…　Ⅲ. ①互联网络—金融模式—研究报告—中国—2016-2017　Ⅳ. ①F832.48

中国版本图书馆 CIP 数据核字（2017）第 131006 号

策划编辑：刘声峰（itsbest@phei.com.cn）
责任编辑：裴　杰
印　　刷：三河市鑫金马印装有限公司
装　　订：三河市鑫金马印装有限公司
出版发行：电子工业出版社
　　　　　北京市海淀区万寿路 173 信箱　邮编　100036
开　　本：720×1 000　1/16　印张：13.5　字数：161 千字
版　　次：2017 年 8 月第 1 版
印　　次：2017 年 8 月第 1 次印刷
定　　价：55.00 元

凡所购买电子工业出版社图书有缺损问题，请向购买书店调换。若书店售缺，请与本社发行部联系，联系及邮购电话：（010）88254888，88258888。

质量投诉请发邮件至 zlts@phei.com.cn，盗版侵权举报请发邮件至 dbqq@phei.com.cn。

本书咨询联系方式：39852583（QQ）。